名师名校名校长书系

心暖花开

行走在幸福教育的路上

李苑珍 / 主编

东北师范大学出版社

长春

图书在版编目（CIP）数据

心暖花开：行走在幸福教育的路上 / 李苑珍主编
.— 长春：东北师范大学出版社，2019.1
ISBN 978-7-5681-5417-8

Ⅰ.①心… Ⅱ.①李… Ⅲ.①教育工作 Ⅳ.①G4

中国版本图书馆CIP数据核字（2019）第016477号

□策划创意：刘　鹏

□责任编辑：钱黎新　刘贝贝　　□封面设计：姜　龙

□责任校对：刘彦妮　张小娅　　□责任印制：张允豪

东北师范大学出版社出版发行

长春净月经济开发区金宝街 118 号（邮政编码：130117）

电话：0431-84568033

网址：http://www.nenup.com

北京言之凿文化发展有限公司设计部制版

廊坊市金朗印刷有限公司印装

廊坊市广阳区廊万路 18 号（邮编：065000）

2022年6月第1版　2022年6月第1次印刷

幅面尺寸：170mm×240mm　印张：15.5　字数：300千

定价：36.00元

编　委　会

目录

下 篇

教育故事

上篇

主题班会

《构建良好的人际关系》主题班会设计

李苑珍

【活动背景】

积极心理学研究证明：人际关系对幸福来说至关重要，幸福的人一般都拥有良好的人际关系。据调查，良好的人际关系可使学习、工作成功率与幸福感达至85%。富兰克林说："成功的第一要素是懂得处理好人际关系。"良好的人际关系是学生幸福投入学习生活的保证。在学习中，正确处理好亲子关系、师生关系、生生关系，能让学生身心愉悦健康，从而愉快地投入学习，提升在校生活的幸福指数。反之，则会让他们的成长受到困扰，影响情绪，进而影响身心健康和学习生活。所以，构建良好的人际关系，学会与亲人、老师、同学相处，有利于学生身心健康的发展。

【班情分析】

我现在所带的是高二文科班，女生37人，男生8人。学生勤奋好学，但大部分比较害羞、内敛，普遍比较敏感、脆弱，不太愿意与人主动沟通，容易误解他人，同学间因误会造成的矛盾较多，经常出现情绪不佳、心情郁闷的情况，这严重影响班级的学习生活。

【活动目标】

帮助学生构建良好的人际关系，意识到与人和谐相处的重要性，帮助他们找到与他人和谐相处的途径和方法。另外，营造良好的人际氛围，打造一个团结友爱、健康和谐的幸福班级。

【活动主题及内容】

本次活动的主题为"你是我今生最美的修行——构建良好的人际关系"。活动包括三个内容：和谐关系亲子篇，和谐关系师生篇，和谐关系同窗篇。

【活动准备】

（1）准备便利贴、信纸、信封、彩纸、笔等。

（2）准备几个室内游戏活动题目。

（3）联系家长、科任老师，布置任务。

（4）开辟一个专门的宣传栏，准备张贴活动的图片及文字。

【活动过程】

1. 活动一：和谐关系亲子篇——父母儿女之爱

（1）利用中段教学检查开家长会的时机，让家长积极参与和见证孩子的成长，班主任向家长们布置任务，在家长会前上交给班主任。任务为：用文字的形式向儿女吐露心声，谈谈自己培育孩子的酸甜苦辣、感受心得、殷切期望等。收齐后班主任隐去姓名，张贴在宣传栏，让孩子们阅读，感受父母的心声，理解父母亲深沉的爱意及殷切期望。

（2）家长录一段鼓励孩子的话语，班主任在班会课上播放。

（3）学生给父母写一封信，吐露自己成长的心声。

（4）与家长共读龙应台的两本书《目送》《亲爱的安德烈》，并写心得。

（5）家长会亲子游戏。

活动目的：通过一起做游戏，增进亲子间的了解，促进感情交流。

① 全班学生和家长围坐成一圈，请若干学生及家长到中间，分别在纸上写出孩子、爸爸、妈妈的生日。

② 请若干学生及家长到中间，分别在纸上写出爸爸、妈妈和孩子的鞋码。

③ 请若干学生及家长到中间，写出家长最喜欢做的一件事。

④ 请若干学生及家长到中间，请家长和孩子一起配合做猜字词游戏。

（6）主题班会《让父母因我而幸福》。

活动环节：

① 学生怀抱篮球或枕头走路，弯腰捡拾东西，感受怀胎十月的艰难；播放孩子刚出生时父母脸上幸福的表情视频，让学生感受孩子的出生带给父母的惊喜和幸福感。

② 播放上中学前孩子与父母的合影及各种奖状，感受甜蜜的回忆。

③ 情景剧表演：

情景剧表演1：上小学后父母开始操心你的学业，为你报各种培训班。

情景剧表演2：上初二了，你开始叛逆，不做作业，成绩后退，与父母发生冲突，父母忧心忡忡。

情景剧表演3：上了高二，你开始理解父母的不易，懂事了，学习变自觉了，父母也欣慰地笑了。

④ 头脑风暴：请列举你从小到大最让父母高兴和骄傲的三件事，展示出来并小结：我们该如何做，才会让父母更省心和骄傲？

⑤ 找一位学生讲述与父母之间的动人故事。

⑥ 找两位学生分享阅读《目送》《亲爱的安德烈》的感受。

⑦ 播放爸爸妈妈事先为孩子录好的视频。

⑧ 播放歌曲《懂你》。

⑨ 班主任总结：父母是带给我们生命的人，父母之爱最无私，儿女是父母的心头肉、掌上珠。我们做儿女的，要多体谅父母、理解父母、关心父母，做父母的贴心人。

2. 活动二：师生篇——师生情

导语：老师，是我们的领航者、引路人；老师，是我们最敬爱的长者。那么，我们的老师对我们是怎么看的呢？

（1）老师有话说：每个科任老师给学生录一段视频，表达自己对学生的感情；写一段鼓励的话语，张贴在宣传栏。

（2）学生有话说：每位学生给科任老师写一段话，送给老师。

（3）师生一起做活动：师生跳绳比赛或踢毽子比赛。

（4）布置周记：为我们的遇见——老师，我想对你说。

（5）手抄报：给科任老师画像并写下你最想说的话。

（6）倾听：把班上的学生平均分配给科任老师，科任老师逐一找学生聊天，主要是倾听学生的心声，并替他们分析问题，排忧解难。

通过以上活动，可以增进师生间的沟通和交流，促进师生间良好的人际关系，让学生喜欢自己的老师，找老师倾诉，并解决相关的问题。

3. 活动三：同窗篇——同学之爱

（1）宣传栏张贴班级各种活动的照片。

（2）主题班会《遇上你是我的缘——永远的同窗情》。

① 用视频和照片回顾我们从相识到相知的过程——今生能遇上，并且做同学，实乃有缘。两年同学，一世情缘。

② 互相欣赏和表白：说出班上你最喜欢或最欣赏的一位同学，并阐述理由。

③ 班上最让你感动或难忘的一件事是什么？

④ 游戏1：10个学生面对面站成两排，手把手搭成桥，另一位学生背对着

他们站在桌子上，然后向后倒，其余学生接住，之后让学生们谈谈做这个游戏的感受。做这个游戏的目的是让同学们学会信任彼此，也让他们体会被信任的意义和担当。

⑤ 游戏2：搬10张圆凳，摆成一个小圆圈，请10位女学生或男学生坐上去，往右手边同学的方向躺下，将自己的头放在该同学的腿上，同时用自己的腿支撑左边同学的头。待平稳后按统一口令让其他学生轻轻抽掉小圆凳，看这10位学生能坚持多久。这时大家看到10个学生都平躺在旁边学生的膝盖上，靠着彼此的支撑达到平衡。游戏完成后让大家谈谈自己的感受和体会。做这个游戏的目的是让学生们体会到团队合作的重要性，让他们感受到团队是由每一个成员组成的，每一个人出现问题都有可能给团队带来不可想象的后果。

⑥ 分享周记：和你们在一起的点点滴滴——温暖有爱。

⑦ 和谐相处大家谈：你认为同学之间和谐相处、愉快玩耍的秘诀是什么？（真诚、包容、理解、欣赏、夸奖等）

⑧ 班主任总结。

⑨ 互相鼓励，互相助威：给班上某位你觉得需要帮助的同学写一段鼓励的话。

【活动总结】

设计"你是我今生最美的修行——构建良好的人际关系"活动，主要是让学生们学会珍惜亲情、师生情、友情，意识到妥善处理组织内外关系的重要性，了解与人友好和谐相处的交际能力是人必备的一种生存能力。当然，只是开展这些活动还远远不够，良好的关系更要注重平时的积极沟通，同时要让学生明白与人交往是需要讲究方法的，人与人之间要主动、友善、热情、真诚、理解、包容，要适度地肯定和欣赏，也要学会控制自己的情绪。善于与人交往，可以学到许多书本上学不到的东西，同时能让自己保持愉悦的心情投入每天的学习生活中，提高幸福指数。

活动反思

以上三个活动的开展，有效促进了亲子、师生、生生间的良好关系。不少家长反映，在开展亲子活动后，和子女的沟通比以往好多了，以前不太注意说话方式，现在也意识到要注意了，感觉孩子们比以前更懂事了；老师们反映，在开展师生篇的活动后，学生对老师明显热情了，上课也更愿意配合了，学习上主动问问题的也多了。开展同窗篇活动后，班上同学间的关系明显得到了改善，许多以前有点小矛盾的同学能冰释前嫌、友好相处，学生们比以往开朗了一些，并且学会了宽容和理解同学的小缺点。同学间关系也比以往融洽了很多，学生明显感觉比以往更活泼、更愉快、更幸福了。但活动也存在一些需要改进的地方，比如在活动过程中，有些学生还没完全放开，比较拘谨、害羞，不敢表达自己的真实想法。教师以后应多鼓励孩子们大胆表达自己的想法，学会融进集体，积极参与活动，在活动中健康成长。

《学会调控情绪》主题班会设计

谢春霞

【活动背景】

高一的学生经历了一年的高中生活，现在正面临文理分科和即将到来的期末考试，此时的高一（5）班表面风平浪静，暗地里却波涛汹涌。通过和班主任的沟通以及调查问卷的反馈，了解到学生的情绪调控能力很弱，很小的事情都会让他们情绪失控，或过于消极，或烦躁不安，很难静下心来学习。在这样的背景下，引导学生进行积极的情绪调控尤为重要。因此我决定开展以"学会调控情绪"为主题的辅导式主题班会，通过体验、引导、互助等形式，提高学生调控情绪的能力，掌握有效的情绪调控的方法，形成积极的情绪，以促进学生的学习和成长。

【活动目标】

（1）让学生明白不良情绪会形成"踢猫效应"，要学会培养积极的情绪。

（2）引导学生在情境中运用积极的情绪调控方法。

（3）培养学生坚强的毅力和乐观的精神。

【活动重、难点】

引导学生在情境中运用积极的情绪调控方法。

【活动准备】

提前向班主任了解学生情况、课前进行问卷调查及情况汇总、制作PPT、搜集视频、排练情景剧等。

【活动过程】

1. 听歌，引入主题

（1）《Trouble is a friend》是一首欢快的歌曲，学生听歌时会放松紧张的心情，也可以学习这种"把麻烦当朋友"的乐观心态。

思考：如何做到把麻烦当朋友？

（2）引入主题：学会调控情绪。

2. 创设情境，深化不良情绪的影响

（1）欣赏情景剧，思考不良情绪对自己的影响。

（2）学习：什么是"踢猫效应"？有什么特点？对别人会有什么影响？

3. 解决问题：如何有效地"调控情绪"

（1）学生思考、讨论，教师提炼、升华。

（2）积极调控情绪的几种方法（重、难点）。

①转移注意力：改变注意焦点；做自己平时喜欢做的事；改变环境。

心理学研究表明：当一个人产生某种情绪时，头脑里就会出现一个较强的兴奋区。这时，如果另外建立一个或几个兴奋区，就可以抵消或冲淡这个较强的兴奋区。

②合理发泄情绪：在适当的场合哭一场；向他人倾诉；进行剧烈的运动；放声歌唱或大叫。

③理智控制法：自我安慰、自我激励、换位思考。

④学会微笑：当我们心情抑郁的时候，我们的面部表情就会阴沉，反之亦然，当我们以微笑面对困难时，我们的心情也会随之积极起来。

4. 小试牛刀

（1）遇到这些情况时，你会……

（2）小组活动：假设你的同桌遇到这些问题，你会怎么帮助他/她？

5. 呼应主题

有效调控情绪，生活更美好！

（1）正确看待麻烦和困难：Trouble is a friend。

（2）培养积极的情绪，明天会更好。

（3）齐唱班歌《明天会更好》。

《做情绪的主人》主题班会设计

麦杏平

【活动背景】

人的糟糕心情和不良情绪往往会随着社会链条依次传递。在班级的同伴交往中，如果有同学情绪不佳，很可能会在不知不觉中影响周围的同学。当负能量被不断传递，由此而产生的影响是不容忽视的。因而，我们要帮助学生认识情绪的多样性及其带来影响的复杂性，引导其掌握应对不良情绪的多种方法，通过情绪调控，更好地悦纳自己，让自己做情绪的主人。

【活动目标】

1. 认知目标

引导学生认识情绪的多样性并了解情绪影响的复杂性。

2. 能力目标

了解错误的应对情绪问题的方法及其危害，学习正确的应对情绪问题的方法。

3. 情感目标

帮助学生缓解不良情绪带来的压力，并在学习和生活中保持良好情绪。

【活动准备】

1. 录制"踢猫效应"小视频

该视频根据心理学上有名的情绪效应——"踢猫效应"改编而成，由学生出演，主要讲述这样一个故事：

Peter同学的妈妈因为最近楼市暴涨，辛苦攒下的钱还是不够首付，因而十分生气。她看到Peter还没起床去上学，于是把心中的不快发泄到Peter身上。一大早受了气的Peter闷闷不乐地到学校去，他的同桌见状好心地问他发生了什么事，却不料引来Peter的恶语相向，于是同桌心中也甚是不快。这时班上另外一位同学经过Peter同桌的身边，不小心碰掉了他的书，Peter同桌忍不住骂了那位同学一句"不长眼的"，被骂的同学生气地拿起旁边桌子上的龙猫玩偶扔出了窗外，这时楼下一位同学骑着自行车经过，为了躲避高空跌落的玩偶，不小心撞倒了在旁边搞卫生的清洁阿姨……

2．"我的情绪故事"征集

向全班学生征集"我的情绪故事"，并选取三个有研究价值的故事做成幻灯片，请当事人录音，制作成音频文件。

3．"情绪问题"情景短剧

请协办本次主题班会的小组编排两幕有关情绪问题的情景短剧。

剧中涉及4人，A同学性格开朗、活泼；B同学看问题总是很消极，有点小抑郁；C同学和D同学是他们两人的好朋友。

4．制作材料

处方笺（40张）；制作课件并准备四张大白纸、油性笔、展板。

【活动过程】

（一）视频导入（3分钟）

师：各位同学，今天你"踢猫"了吗？最近，在我们班上发生了这样一件事，Peter同学的妈妈因为最近楼市又涨价了，心里很窝火，于是一看到我们的Peter同学那么迟都没去上学就火冒三丈……下面我们来看看这个故事是怎么发展的。

（播放"踢猫效应"小视频）

师：看完这个故事，相信大家都有自己的小感触。确实，人的糟糕情绪一般都会随着社会链条依次传递，那些无处发泄的弱小群体便成了最终的牺牲品（就像故事中那个无辜的玩偶和摔倒的清洁阿姨）。这种因泄愤而产生的连锁反应，被称为"踢猫效应"。在学习和生活中，每个人都是长长链条中的一个环节，许多人受到批评后，往往不是冷静下来分析原因，而是觉得极其不爽，要千方百计地向周围的人发泄心中的怒气，这不仅于事无补，反而会激发更大的矛盾。

其实，我们在学习与生活中产生情绪是很正常的，人有喜怒哀乐，多彩的情绪也可以成就我们多彩的人生。但值得注意的是，消极情绪会影响我们的学习和生活。为避免被消极情绪绑架，避免让"踢猫效应"出现在我们的生活中，我们要学会调控情绪，做情绪的主人。（引出主题）

（二）认识多彩情绪

师：如果我们要做情绪的主人，首先要认识情绪。作为学生，影响我们情绪的因素主要来自三个方面：父母、师长、同伴。（板书）

1. 进行第一次头脑风暴

师：清楚了影响情绪的因素后，下面请同学们通过头脑风暴的形式，按积极情绪和消极情绪的分类，列举出哪些情绪是积极情绪，哪些情绪是消极情绪，并写在展板上。

积极情绪	消极情绪

2. 分享"我的情绪故事"

师：同学们展示的结果让我们看到了多彩的情绪。那么这些情绪都会给我们带来怎样的情绪影响呢？下面，请看同学们分享的情绪故事，倾听他们内心的真实感受，想想这些情绪给他们带来了怎样的影响。

（幻灯片展示三则情绪故事，并播放当事学生的对应录音）

3. 进行第二次头脑风暴

师：看完、听完同学的情绪故事，你是否感受到了情绪带给我们的各种影响？下面请同学们进行第二次头脑风暴，列举不同情绪给我们带来的影响有哪些，以积极影响与消极影响进行分类，并写在展板上。

积极情绪	消极情绪

师：看到大家所罗列出来的诸多影响，老师发现消极情绪带给大家的影响非常多，如果我们让这些消极情绪继续泛滥、蔓延，将会威胁我们正常的生活和学习。现在，我们想想该怎样去管理好我们的情绪，如何运用有效的情绪管理方法，努力做情绪的主人。

（三）运用多种方法

1.认清错误方法

师：应对不良情绪的方式有很多，我们该如何进行抉择？我们经常看到一些有关青少年的悲剧，造成悲剧的原因有很多，但绝大多数都是使用错误的方法来排遣心中的不良情绪造成的。什么是错误的方法？

诸如：自残、自杀、离家出走、酗酒、打架……（幻灯片展示）

明确：这些方法要么伤害自己，要么妨碍他人。

2.学习正确方法

（1）注意力转移法。

第一幕：C同学因为丢了钱而闷闷不乐，心中不快，都快要哭了。这时消极的B同学安慰她说："别伤心了，钱丢了就丢了，反正人生总是那么多的悲欢离合，也不在乎这一个了……"C同学听完后，坏情绪不但没有得到缓解，反而更伤心了。这时活泼可爱的A同学过来了，她得知事情原委后轻松地对C同学说："最近校门外的××商场在搞活动，买一送一呢，我带你去，送的那一份我给你……"于是C同学跟着A同学开心地走了。

师：看完这个情景模拟，大家来说说，情境当中的A同学用了什么方法来帮助C同学排遣内心的苦闷？B同学的方法为什么行不通？

小组讨论后明确：A同学用了"注意力转移法"来缓解C同学的不良情绪，B同学消极的情绪会增加C同学内心的不快，反而会雪上加霜。

（2）合理宣泄法。

第二幕：D同学因为陪伴自己多年的宠物狗被偷了，非常伤心。这时A同学出现，用同样的方法安慰D同学，告诉他："学校门外的商场又搞活动了，听说狗粮还买一送二呢，来，我们一起去……"D同学听了更伤心了。B同学见状，过来对D同学小声说道："我理解你，曾经我有一个好朋友，因病永远地离开了我，我每次想起来都会好伤心……"说着说着，B同学和D同学抱着哭了起来。哭完过后，D同学感觉心里好受多了。

师：看完这个情景模拟，大家再来说说，情境当中的B同学用了什么方法来帮助D同学派遣内心的苦闷？A同学的方法为什么不管用了？

小组讨论后明确：B同学和D同学有着相似的伤心经历，两人敞开心扉后痛哭一场使D同学压抑已久的情绪得到释放，使用的是"合理宣泄法"。而A同学用简单的注意力转移法对D同学压抑已久的情绪并不适用。

师：使用合理宣泄法要注意以下几个要点：（板书）

① 辨是非。

② 适度用。

③ 会选择。

使用原则：不伤害自己，不妨碍别人。

（3）ABC理论（主动调控）。

师：上面提及的调控情绪的方法都是在消极情绪产生后的补救方法，那我们为什么不能做到防患于未然，将不良情绪在源头处消灭掉呢？今天我们学习一个心理学上的ABC理论。那何为ABC理论呢？（板书）

A. 事件。

B. 信念。

C. 情绪。

师：事件A不会直接导致产生情绪C，经过中间的信念B的干扰，情绪C才会产生。由于事件A的发生是我们没法控制的，所以我们想要调控情绪C，就需要主动干预信念B。信念B指的是对一件事情的态度及看法，只要改变这种态度与看法，我们的情绪C就会朝着积极的方向发展。

举例说明：PPT展示班上一位同学在月考后的日记片段。

小组讨论后明确：这位同学月考失利的这件事就是事件A，由于她没有主动干预自己的信念B，用较为消极的态度去对待这件事，因而产生了同样消极的情绪C。因此，想在不良事件发生后还能有积极情绪，需要我们主动改变对事件的态度和看法。

3. 运用多种方法解决实际问题

（1）重温前面提及的三个情绪故事，大家一起帮助出现情绪问题的同学排遣不良情绪。

（2）现场电话连线因请病假没来上课的同学，先尝试了解他/她的情绪表现如何，当发现他/她出现不良情绪时，请一位同学运用新学到的方法帮助该同学，给他/她送去好心情。

（四）成就多彩人生

师：通过学习，我们知道了情绪具有多样性。多样的情绪于我们的人生中发挥着不同的作用，如情景模拟中有着积极情绪的A和消极情绪的B，他们都能在不同的情境中产生不同的作用，因而每种情绪于我们而言都是有意义的。我们的情绪是七彩的，只要我们学会调控自己的情绪，那么我们的人生也是七彩的。

如我们熟知的傅园慧（PPT展示），因为有着积极乐观的情绪而圈粉无数；而我国古代的司马迁（PPT展示）和西班牙作家塞万提斯（PPT展示）因种种因素，他们的情绪都很糟，但他们不愿了此一生，而是主动调控情绪，从而写成巨著《史记》和《堂吉诃德》。

PPT展示：班上学生刚开学时写下的理想卡片。

请学生明确：只有学会调控情绪，做情绪的主人，才有机会实现理想，成就多彩人生。

（五）小结

请两位同学做小结。

师：通过这节班会课，同学们对情绪的认识又加深了。我们除了要认识情绪，也要掌握调控情绪的方法，无论是"注意力转移法""合理宣泄法"还是情绪的"ABC理论"，我们都要具体问题具体分析，选择最恰当最有效的方法，帮助自己成为情绪的主人，让我们在前行的道路上走得更稳更远。

（六）后续任务

请同学们课后完成"处方笺"，记录自己的情绪故事，分析存在的情绪问题，并为自己选择恰当的解决方法。

处方笺
我的情绪故事：
我的情绪问题：
处方：

【活动总结】

通过参与班会，可以丰富学生对情绪多样性的认识，并引发其思考。同时，学生可以根据自身情况，选择应对不良情绪的合适方法。这可以在一定程度上帮助学生缓解不良情绪带来的压力，减缓负能量的传播并降低其危害，最终帮助学生在积极情绪的主导下，更好地投入学习中去。

《懂得和父母沟通》主题班会设计

李凤婷

【活动背景】

亲子关系是维系家庭的重要纽带。轻松和谐的亲子关系，水乳交融的亲子沟通是每个家庭所期待的。但现在的初中生由于多是独生子女，在长辈长期的溺爱下，自我中心意识明显，不能正确地理解父母的爱，甚至对父母的管教产生反抗的心理和对立的情绪，易与父母发生误解、矛盾，甚至冲突，导致双方关系疏远或紧张。若不及时、妥善地引导和解决，将不利于他们成长。因此，本节课我通过选取生活中常遇的事例组织学生讨论和学习，让学生认识与父母沟通的重要性，帮助他们初步掌握与父母沟通的一些方法与技巧，学会理解、宽容父母，从而尊重父母、热爱父母、回报父母。

【班情分析】

初二的学生正处于青春期，特别有个性，更容易与父母产生冲突。班上不少家长反映，很难跟孩子沟通，时常出现亲子关系紧张的现象，因此很有必要在班上开展这样一个主题班会，教会孩子如何与父母沟通。

【活动目标】

1. 认知目标

感知父母的辛劳，知道父母也需要别人的理解和关心，了解自己在与父母沟通上的不足。

2. 能力目标

使学生初步掌握与父母沟通的一些方法与技巧，鼓励学生主动与父母交流。

3. 情感目标

引导学生体会家长的良苦用心，感受父母无微不至的爱，理解父母，关爱父母。

【活动准备】

组织学生填写调查问卷、制作课件、布置教室、排练小品等。

【活动过程】

1. 活动导入

播放歌曲《妈妈》，伴随歌曲主持人提问：是谁，把我们带到这美丽的世界？是谁，呵护我们、保护我们、照顾我们？（通过播放录音，为活动课创设一个良好的氛围，让学生尽快进入预期的心理状态，为下面的活动做好铺垫。）

学生回答后，主持人：对，是爸爸妈妈带我们来到这个世界的，爸爸妈妈是最关爱我们的人，那么我们对父母又了解多少呢？有谁知道父母的生日？有谁知道父母的爱好？……

学生多数不知道自己父母的生日，更不了解自己父母有什么爱好……

2. 观看心理剧《考试之后》，展露亲子矛盾

主持人：在这个美丽的世界，父母是最爱我们和了解我们的人。可是调查发现，我们没有真正了解我们的父母，甚至觉得父母和我们的距离已经慢慢地拉大，觉得和父母已经没有亲密感了，这是怎么回事呢？下面就让我们一起观看发生在我们身边的事，（观看小品《考试之后》）或许对你会有所启发：

小洁平时成绩非常好，可是最近由于身体不舒服，妈妈又出差在外，这段时间上课无精打采，作业也马马虎虎，这次语文考试只得了个"及格"。拿到试卷那天晚上，妈妈正好出差回家，忙里忙外做着许多家务。小洁取出语文试卷，犹豫着该不该向妈妈说明情况。妈妈正累得满头大汗，看到成绩非常恼火，严厉地批评了小洁。小洁觉得自己很委屈，甩门躲进自己的房间趴在床上哭了起来。就这样，她和妈妈已经两天不说话了。

主持人：看完小品，你有什么想法呢？类似的事情在你身上也许也遇到过吧！你觉得小洁同学与母亲的关系处理得好吗？如果不好，问题出在哪里呢？

学生回答后主持人总结：看起来问题出在沟通上。那么，平时你是怎么与父母进行沟通的？现在我要进行一次调查，同学们不需要写名字，但要真实填写。

（1）你与父母的关系如何？（　　）

A. 亲密　　　　　　B. 比较紧张　　　　　　C. 疏远和一般

（2）在家里，你经常与父母沟通交流吗？（　　）

（3）沟通时闹过矛盾吗？（　　）　　沟通时采用哪种方法？（　　）

（4）你与父母的沟通状况令你满意吗？（　　）

填写完并统计结果后，主持人：看来与父母的沟通不仅是我们小洁同学个人存在的问题，这也是我们班大部分同学存在的问题。那么谁能帮他们想想办法呢，怎样才能更好地沟通交流呢？

3. 思辨中了解危害，引发对沟通方法的思考

继续分析小品，主持人课件出示问题：

（1）在这个小品中，你认为谁出现了问题？为什么小小一张考卷会引发母女俩那么大的矛盾？

学生集体交流：妈妈的原因是什么？小洁的原因是什么？

（2）面对妈妈的责骂，如果你是小洁，你会怎么想？

（3）妈妈为什么会这么生气？（扮演妈妈的同学说明原因）

（4）你希望他们继续这么发展下去吗？为什么？

4. 细思量，学会化解矛盾的方法

主持人：如果时间可以倒流，我们回到小洁拿着试卷回家这个场景，你能帮她们想办法避免这场冲突吗？

（1）小洁可以怎么说？说的时候要注意什么？（学生讨论回答）

（2）你觉得小洁这么说，妈妈会怎么样？

预设一：妈妈会原谅小洁。

预设二：妈妈不分青红皂白地批评了小洁，小洁的情绪非常激动，怎么办呢？如果是你，会用怎样的方式与妈妈沟通和好呢？

学生分组讨论，自由发表意见，意见归纳为：和妈妈吵架、对着干，并不能解决问题，小洁应该：

（1）主动承认错误。

（2）换位思考。

（3）回忆一些妈妈对你好的场面。

（4）冷处理，深呼吸，暗示自己不要激动。

妈妈最终原谅和理解了自己。

主持人归纳总结后，请学生欣赏改版后的小品《考试后》：

主持人：现在看完小品后你又有什么新的感触？这个小品中妈妈和小洁她们俩这种沟通方式，你认同吗？

学生回答后主持人总结：看来，当矛盾产生时，如果注意一些方式和方法，可以大事化小，小事化无。

5. **实践方法、明确技巧**

主持人：小洁的问题得到了圆满的解决，那我们自己的问题呢？前面调查时大家都提到了自己与爸爸妈妈之间发生过不愉快的事，你能说一说与父母发生过的一次矛盾吗？你当时是怎样处理的？

学生交流讨论后主持人继续：大家觉得这样做有效吗？听了小洁的故事后，你有什么新的想法吗？你们有别的好办法可以帮助她吗？

引导学生大胆交流、讨论学会化解冲突的技巧：

（1）认真倾听。当被父母批评或责骂时，我们不要急着反驳，试着平心静气地听完父母的想法，说不定你会了解父母大发雷霆背后的原因。

（2）主动道歉。如果你做得不对，不要逃避，不要沉默不理，主动道歉，往往会得到父母的理解。

（3）善于体谅。可能错不在你，你有很大的委屈，但是先不去争辩，换个时间和地点，再与父母沟通，会有意想不到的效果。

（4）控制情绪。与父母沟通不良时，不要随意发脾气、顶嘴，避免不小心说出或做出伤害别人的事。

6. **活动结束**

主持人：父母的爱是深沉而伟大的，为了子女，他们甘愿付出而不求回报，我们要相信父母、尊重父母、体谅父母，父母无私的爱会伴随我们一生。只要我们理解父母、多与父母沟通、注意与父母相处的方法，就一定能和父母成为知心朋友。

活动课在听《母爱》的歌曲中结束。

7. **布置作业**

选择一个方法回家试着和父母沟通交流，并在周记本上写下沟通心得。

💬 **活动反思** ‹‹

本节班会课采取情景剧、问卷调查、讨论等多种形式，利于学生接受，活动中比较注重学生的感悟与体验，生成性强，方法指导到位，从学生课后的周记情况看来，教育效果良好。

《我与父母的那些事儿》主题班会设计

陈洁璇

【活动背景】

最近接到几个家长的电话，提到她们的孩子在家不听话，甚至顶嘴，一个月都不叫一声妈妈，不理睬妈妈，让家长很伤心。还有一个女生，由于父母离异，她感觉自己很不幸，在学习上产生了惰性，觉得学习很辛苦，还经常表现得很可怜、很不幸，并把这种情绪归结于父母的离异，甚至让家人以为她因此患上儿童抑郁症而带她去看精神科医生，为此家人十分内疚，全家人都小心翼翼地呵护着她、满足着她。而她也得寸进尺，时不时就不上学，作业经常不做或者是抄其他同学的作业，甚至向同学借钱，撒谎成性，最后影响整个班。

【活动目标】

让学生了解他们的出生、成长和父母爱他们的不同方式，提醒学生要换位思考，学会体谅父母的艰辛和不得已，呵护和父母间微妙但深深的感情！

【活动准备】

（1）上网搜索相关的视频和背景音乐，并让学生回忆和父母生活中的点滴。

（2）筛选从怀孕到现在我和女儿生活点滴的照片，并制作成PPT。

（3）请来三位有代表性的家长，并找专业学生来义务帮家长化妆（30年后的父母）。

【活动过程】

（1）呈现两张对比鲜明的图片：图1是一个6岁的小男孩在给妈妈洗脚，四目相对，彼此脸上露出温情的笑容；图2是一个14岁的女生在和妈妈吵架，彼此怒火冲天。

让个别学生谈谈对这两张图片的看法。

图1

图2

（2）让全班学生闭上双眼，用一分钟的时间回忆下从小到大和父母的点滴，包括开心的、难过的、难忘的、烦恼的、生气的……并让学生畅所欲言，包括分享和讨论所有讲述的事件和他们的看法。

（3）班主任总结：随着时间的流逝，也许当年之事你已经淡忘了，可今天，我们都忆起了当年的开心与烦恼。然而，有一件事情，很多同学肯定早已忘却，甚至根本毫无记忆。

（4）分享视频《ten months of life（孕育生命的十个月）》，边看视频边向学生们讲解，并抛出问题：你可想起你如何来到这个奇妙的世界？

（5）向学生展示我和女儿的一些生活点滴，告诉他们：4年前，我的生命中出现了一个更加重要的生命——我的女儿！用亲身体验告知学生：不管父母做过什么，在他们的生命中，孩子永远都是最重要的！

（6）俗话说，时间是把杀猪刀！这些年，时间似流水般流逝，我们在成长，我们的父母却渐渐地老了……播放视频《时间都去哪儿了》，触动学生内心最深处的亲情之弦。

（7）看完视频，让学生谈谈感想：我们应该珍惜时间、感恩父母，那在生活中，我们可以怎样感恩父母呢？

（8）问学生：是否想象过30年后的父母会是什么样子。并给时间让他们想象。

（9）请有代表性的三位同学上台，让他们描述他们想象中30年后父母的样子。

（10）请已化好老人妆的三位家长上台，让他们的孩子认出自己的爸爸或妈妈并和他们面对面，触碰心灵深处的一刻，爱在这里得到升华。

【活动总结】

（1）请三位学生和三位家长谈谈感想。

（2）其他学生谈谈感受。

（3）班主任总结。

（4）全班学生：齐唱《感恩的心》。

（5）布置课后作业：制订期中考目标，并承诺全力以赴做到最好。课后每位学生为家长写一封信（包括对父母说的话和亲手为父母制作一份小礼物），在期中考后的家长会上给父母一份小惊喜。

《如何更好地与同伴相处》主题班会设计

林莲英

【活动背景】

对于七年级的学生而言，是否拥有良好的人际关系，是他们的初中校园生活能否快乐幸福的关键，更是关系他们能否健康成长的大事。因为那种自我封闭、孤芳自赏、不善与人交往的学生是很难享受到成长的欢乐的，他们已经在不知不觉中落下了人格缺陷和心理隐疾。

【班情分析】

七年级（1）班男生22人，女生18人。经过一个学期的接触，同学之间已经很熟悉了，多数孩子性格活泼，但由于在过于孤独的家庭环境和片面强调竞争的社会环境中长大，部分孩子唯我独尊、自私自利，经常和同学闹矛盾又不知道如何正确地解决交际问题，他们的人际关系令人担忧。

【活动准备】

（1）布置学生提前总结"在人际交往中最受人欢迎/讨厌的品质"，并总结自己在人际交往中的优点和缺点。

（2）提前准备好各种道具：计时器、气球、牙签、眼罩、障碍物、纸条、卡纸、A4纸、油性笔、糖果若干。

（3）制作PPT。

（4）课前把学生分成4个小组，设定组长，排好座位。

【活动过程】

1. 情景体验

列举3个发生在学生们身上的有关人际交往中出现种种矛盾的实例，让学生们说说自己的感受。

班主任及时给予点评，并点出构建良好的人际关系的重要性。

2. 问题讨论

讨论在人际交往中最值得喜欢的、优点与缺点参半的、最不值得喜欢的品质，每个小组派发一张A4纸和一支油性笔，组长负责登记。

最值得喜欢的品质	优点与缺点参半的品质	最不值得喜欢的品质

写完之后在全班同学面前展示、共享。

班主任总结并质疑如何才能让自己拥有良好的人际关系。

3. 小活动，大体验

活动一：你吹我爆

活动规则：用牙签扎气球，但是不能发出"啪啪"的爆炸声。

活动过程：每组选派一名代表，如果有学生做到了，请他介绍方法，如果没有，则班主任示范。

思考提问：扎气球的什么部位爆炸声最大？从中我们能悟出关于人和人交往的什么道理？

班主任总结，引导学生得出结论：在人际交往中要学会回避他人最敏感的问题。

活动二：瞎子背瘸子

活动规则：前进过程中扮演瞎子的学生不能睁开眼睛，扮演瘸子的学生只能用语言对扮演瞎子的学生给予指示，不能带着扮演瞎子的学生走。

活动过程：每组选派两位代表分别扮演瞎子和瘸子。瞎子用眼罩蒙着眼睛背着瘸子原地绕三圈后沿着赛道向前绕过障碍物踩爆两个气球，然后到达终点，用时最少的小组胜出。

思考提问：为什么有些小组用的时间很长，有些却很短？为什么瞎子会出现不能清楚地理解瘸子的指示的情况？

班主任总结，引导学生得出结论：要提升与人沟通和相互配合的能力，学会从他人的角度思考问题，设身处地地为他人着想，考虑他人的需要。

活动三：传音接力

活动规则：把卡片上的信息由第一个同学以耳语的形式逐个传递到最后一

个同学，再由最后一个同学把答案写在空白卡片上。

活动过程：每组学生站成一竖排，教师发给每组站在最前面的学生一张纸条，同时给站在最后的学生一张空白卡片，教师喊开始后，第一个学生把纸条打开，看清纸条的内容后以耳语的形式告知下一位学生，一个接一个地传递下去，每人只准说一遍，不能让其他学生听到，最后一位学生把听到的内容写在空白卡片上交给教师，比一比哪组说得又对又快。

班主任总结，引导学生得出结论：沟通时我们应尽量注意语言表达的准确性，另外，由于受种种因素的影响，信息经过各种"渠道"加以传递难免会失真，因此在没有完全了解事情详情的情况下不要轻易地去谈论他人。

活动四：甜心运动

活动规则：每人平均5～10颗糖果，每送别人一颗糖果，就要向对方说出你欣赏他/她的一样特质。

活动过程：每个人都要参与，直到把糖果送完，不能连续送给同一个人糖果，不允许自己手中留有原本属于自己的糖果，游戏结束后每个人手中的糖果必须来自别人的赠予。教师要重点关注那些不活跃、不合群甚至孤僻的学生，在必要的情况下可以安排几个比较活跃的学生送糖果给相对不活跃的学生，以促进他们的参与和班级的融洽。

思考提问：

（1）有没有人无法送完手中的糖果？为什么？是其他同学缺乏令你欣赏的特质？还是你缺乏欣赏的眼睛？

（2）谁得到的糖果比较多？为什么他/她会得到更多的糖果？他/她身上有哪些值得我们学习的特质？

班主任总结，引导学生得出结论：学会欣赏他人、发现他人的优点。

4. 理论用于实践

小组讨论：当自己与他人发生矛盾时怎么办？人际交往的原则是什么？

5. 教师总结

同学们，良好的人际关系是我们拥有快乐幸福的初中校园生活的关键，且关系着我们能否健康成长，因此，学会更好地与同伴相处非常有必要。希望大家通过本节班会活动中的亲身体验，及时反思总结自己在人际交往中的优点与不足，把今天学到的东西逐步用到实践当中，互励共勉，共同营造理解、信任的生活环境与学习氛围。

6. 课后作业

通过本节课的体验和学习，你获得了哪些感悟？如何落实到实际行动当中？请把它们写下来。

活动反思 《

本节课主要围绕几个方面引导学生从活动中感悟到处理与同伴之间的人际关系中一些需要注意的地方，通过小活动、大德育让学生亲身体验其中蕴含的道理，深化他们的印象。但由于初次采用这种体验式的班会形式，处理起来比较生疏，在时间的把控上面还需加强。

《学会欣赏他人，构建和谐关系》主题班会设计

刘三汝

【活动背景】

对于高中生，能否拥有和谐的人际关系是关乎他们校园生活幸福与否的关键。和谐的人际关系能带来身心愉悦的感觉，生活积极、充满阳光，能有效缓解紧张的学习压力和情绪的波动，相反，不和谐的人际关系会搅扰思绪，滋生很多负面的情绪，并且可能会爆发矛盾和冲突。因此，让学生意识到人际关系的重要性并且掌握人际关系的一些交往原则和方式非常有必要。人际关系是一个很大的系统工程，不可能一节课就能分析和掌握，因此，系列化的人际关系班会应运而生。此次班会围绕"欣赏他人"主题开展，旨在让学生意识到每个人都有被需要、被爱、被欣赏的内心需求，在人际交往中学会欣赏他人、鼓励他人、成就他人，在和谐的人际关系中，不断用积极的情绪和关系滋养自己的心灵。

【班情分析】

我所带的这个班总体和谐，但是存在着很多小集体，在小组内以及寝室间也出现各种摩擦。有一次，一个女生跑来哭着跟我说："老师，我觉得很难过，班里有一批人，在你不在的那个QQ群里骂我，说我怎么怎么坏，我觉得很委屈，在班里也没有朋友了。以前和我玩得很好的同学，现在都不跟我玩了。"因此召开此次班会很有必要。

【课前准备】

星光卡、纸条、一个装纸条的盒子。

【活动过程】

1. **导入**

美国心理学家、哲学家詹姆士曾说："人类本质中最殷切的要求是渴望被肯定。"一位作家也说过："每一个人渴望得到别人的欣赏，同样每个人也应

该学会去欣赏别人。欣赏与被欣赏是一种互动的力量之源，欣赏者必具有愉悦之心、仁爱之怀、成人之美的善念；被欣赏者必产生自尊之心，奋进之力，向上之志。因此学会欣赏是一种做人的美德。"

2. 故事分享

故事一

台湾作家林清玄当年做记者时，曾经报道了一个小偷作案手法非常细腻。他在文章的最后，情不自禁地感叹："像心思如此细密、手法那么灵巧、风格这样独特的小偷，又是那么斯文有气质，如果不做小偷，做任何一行都会有成就的吧！"没想到，这句话却影响了一个青年的一生。如今，当年的小偷已经是台湾几家羊肉炉店的大老板了！在一次邂逅中，这位老板诚挚地对林清玄说："林先生写的那篇特稿，打破了我生活的盲点，让我想到，为什么除了做小偷，我没有想过做正当事呢？"从此，他脱胎换骨，重新做人。

的确，如果没有林清玄当年对小偷的"欣赏"和期盼，恐怕也就没有他今天的事业和成就。不难看出，欣赏对人生多么重要啊！

故事二

1852年秋天，屠格涅夫在斯帕斯科耶打猎时，无意中在松林中捡到一本皱巴巴的《现代人》杂志。他随手翻了几页，竟被一篇题为《童年》的小说所吸引，作者是一个初出茅庐的无名小辈，但屠格涅夫却十分欣赏这篇小说，钟爱有加。他四处打听作者的住处，最后得知作者两岁丧母，七岁失父，是由姑母一手抚养长大的，屠格涅夫对此给予了极大的同情和关注。

姑母很快就写信告诉自己的侄儿："你的第一篇小说在瓦列里扬引起了很大的轰动，大名鼎鼎、写《猎人笔记》的作家屠格涅夫逢人就称赞你。他说：'这位青年人如果能继续写下去，他的前途一定不可限量！'"作者收到姑母的信后惊喜若狂，他本是因为生活的苦闷而信笔涂鸦打发心中的寂寥，并无当作家的妄念，但屠格涅夫的欣赏，一下子点燃了他心中的火焰，找回了自信和人生的价值，于是他一发而不可收拾地写了下去，最终成为具有世界声誉的艺术家和思想家，他就是《战争与和平》《安娜·卡列尼娜》和《复活》的作者列夫·托尔斯泰。

3. 善于发现："星光卡"活动

给每一个学生发一张星光卡，每张卡片上均有以下内容：

我最欣赏（　　）同学的勤奋之光，因为（　　　　　　　　　　　）

我最欣赏（　　）同学的机智之光，因为（　　　　　　　　　　　）

我最欣赏（　　）同学的爱心之光，因为（　　　　　　　　　　　）

我最欣赏（　　）同学的勇敢之光，因为（　　　　　　　　　　　）

我最欣赏（　　）同学的细致之光，因为（　　　　　　　　　　　）

我最欣赏（　　）同学的谦和之光，因为（　　　　　　　　　　　）

我最欣赏（　　）同学的坚忍之光，因为（　　　　　　　　　　　）

我最欣赏（　　）同学的正直之光，因为（　　　　　　　　　　　）

我最欣赏（　　）同学的孝心之光，因为（　　　　　　　　　　　）

4. 勇于表达：说说别人的优点

准备一个纸盒，里面装满50张纸条，纸条上写着学生的姓名。邀请一位学生A上来随机抽一张纸条，说出纸条上学生B的优点，再请学生B谈谈感受，然后随机抽取一张纸条，以此类推。

5. 齐唱《相亲相爱的一家人》

全班齐唱《相亲相爱的一家人》。

【活动总结】

欣赏别人是一种友善，被人欣赏是一种福分，不会欣赏是一种缺憾。生活中我们要做一个善于发现别人美的人，不要吝啬自己的赞美。欣赏别人，收获和谐的人际关系。

💬 **活动反思** ≪

（1）此次班会课有针对性，有助于解决班内出现的不和谐因素。选题切合学生的实际，符合学生心理发展，培养学生善于发现人性之美，学会欣赏他人。

（2）班会活动多样，有名人故事、星光卡、互动赞美和歌曲，有助于激发学生的参与热情，增强欣赏别人的意识。

（3）不足之处在于缺乏互动性、体验性更强的活动，对学生后续的人际交往缺乏追踪和评价。

《学会欣赏》主题班会设计

曾令栋

【活动背景】

从宏观上来说，现在全社会强调"正能量"，按照我国"社会主义核心价值观"的要求，我们与人相处要"友善"。

从微观上来说，升入初中已半个多学期，学生之间已经基本上有一定程度的了解，但是了解得还不够，这时候要引导学生们多发现其他同学优点。所谓人无完人，每个人都不可避免地会有一些小缺点。看到别人的缺点，如果一味指责，不利于激发正能量，不利于班级和谐团结，也不利于学生的成长发育。

【活动目标】

促进学生间的了解，使学生们懂得去欣赏他人，协调学生间的关系。

【活动准备】

（1）准备班会课件、音乐。

（2）选出两个主持人，并和主持人一起讨论班会课设计方案。

（3）在跑操活动中做好跟踪指导。

【活动过程】

（一）在谈话中走进"欣赏"

课前音乐：《改变自己》。

两位主持人上，音乐停。

甲：横看成岭侧成峰，远近高低各不同。

乙：以不同的眼光去观察身边的事物，就会有不同的感受。

甲：以欣赏的目光看小花，花儿就会甜甜地微笑。

乙：以欣赏的目光看小草，小草也有小草的坚强。

甲：今天，就让我们一起走进"欣赏"的话题，初一（4）班"学会欣赏"主题班会现在开始。

（二）在体验中感受"欣赏"

乙：下面请欣赏诗朗诵《能够认识你，真好！》。

能够认识你，真好！

作者：汪国真

不知多少次，暗中祷告；

只为了心中的梦，不再缥缈；

有一天，我们真的相遇了；

万千欣喜，竟什么也说不出；

只用微笑说了一句，

能够认识你，真好！

甲：下面我们来看看这样两个小故事。

故事一

小明趁人不注意，悄悄地取走了同桌放在书包里的10元钱，回到家后左思右想，觉得不对，他又悄悄地将钱放回原处。

故事二

考卷发下来了，欣欣得了93分，她十分开心，而婷婷呢，只得了61分，她十分难过，伤心地哭了。哭过之后，婷婷擦去脸上的泪水，面对自己做错的题，她重新思索，实在弄不明白的，就去请教欣欣。欣欣呢，也没嘲笑婷婷，而是耐心地为她讲解，一遍又一遍，直到婷婷真正明白为止。

甲：你们怎么看这三个人的行为呢？

……

乙：是啊，这三个人的行为都是值得赞赏的。赞赏别人不仅能让我们自己学到别人的优点，当面赞赏还可以让被赞赏的人感觉到自己的价值。

甲：下面我们进入游戏环节。我这里准备了一个纸盒，里面装了36张叠好的纸条，每一张纸条上都写有我们一个同学的姓名。我将任选一位同学A抽纸条，请该同学说出纸条上有名字的同学B的优点，再请B同学谈谈心里的感受，然后由B同学抽纸条，说出下一个同学的优点，以此类推。

……

（游戏继续中……看看时间差不多了，主持人停止了这个小游戏。）

乙：从我们刚才的游戏中可以得出这样的结论——欣赏别人能够给别人带

来快乐和力量。所以，希望同学们以后要多多对别人说些欣赏他的话，给他信心，让他快乐。

甲：其实，在历史上也有许多欣赏别人，使人成功的例子。我们一起来看看。

（大屏幕上展示：一个穷困潦倒的青年流浪到巴黎，期望父亲的朋友能帮助自己找一份谋生的差事。"数学精通吗？"父亲的朋友问他。青年羞涩地摇头。"历史、地理怎么样？"青年还是不好意思地摇头。"那法律呢？"青年又窘迫地垂下了头。"会计怎么样？"父亲的朋友接连地发问，青年都只能摇头告诉对方——自己似乎一无所长，丝毫优点也找不出来。"那你先把自己的住址写下来吧，我总得帮你找一份事做呀。"青年羞愧地写下了自己的住址，急忙转身要走，却被父亲的朋友一把拉住了："年轻人，你的字写得很漂亮嘛，这就是你的优点啊。"把名字写好也算一个优点？数年后，青年果然写出享誉世界的经典作品。他就是法国18世纪的著名作家大仲马。）

乙：这个故事告诉我们，只要你看到了哪怕很微不足道的一个优点并且肯定它，那么这个小优点可能会变成很大的优点。

甲：我国台湾作家林清玄青年时代做记者时，曾报道过一个小偷作案手法非常细腻，犯案上千起。文章的最后，他情不自禁地感叹："像心思如此细密、手法那么灵巧、风格这样独特的小偷，做任何一行都会有成就的吧！"林清玄不曾想到，他20年前无心写的这几句话，竟影响了一个青年的一生。如今，当年的小偷已经是台湾几家羊肉炉的大老板了！在一次邂逅中，这位老板诚挚地对林清玄说："林先生写的那篇特稿，打破了我生活的盲点，让我想到，为什么除了做小偷，我没有想过做正当事呢？"

乙：这个故事告诉我们，欣赏一个人，不仅仅是欣赏他的优点，也可以去欣赏在别人看起来是缺点的特点，也许，就能改变一个人的命运了。

甲：希望我们能够互相欣赏，把我们各自的优点充分展现出来。下面我们请班主任为我们讲几句话。

班主任：我很感动，也很开心。我们在一起相处的时间不长，可是同学们今天表现出来的融洽让我觉得你们已经是相处一年的老同学了，这说明每个同学都在主动地融入集体。今天的话题是"学会欣赏"，这实际是为人处世非常重要的学问，正如同学们所说，欣赏别人能够给别人以信心和勇气，能改变一个人的命运，同时，在表示对别人欣赏的同时，我们自己也会变得心胸开阔，会因吸收别人的优点而不断完善自我。我想，今天之后，我们之间的关系会更融洽，我们这个集体也会成为促进大家健康成长的最好的班集体。

（三）在互动中学会"欣赏"

活动：在"跑操"活动中大声喊出同学的优点。例如：

欣洁，欣洁，女中豪杰！

杨城，杨城，四班男神！

梓杨，梓杨，笑傲球场！

梓程，梓程，写字认真！

嘉欣，嘉欣，唱歌好听！

杨楷，杨楷，人品好，长得帅！

炜轩，权远，成绩进步，你们最炫！

（四）活动延伸：在实践中创新"欣赏"

活动：选取班里的几位学生，为他（她）写一个宣传口号，跑操的时候大家一起喊。写得好，被选用的加5分。（选择大家认为优点明显的学生来写，选中的几率低；选择大家认为优点不明显的学生来写，选中的几率大！）

💬 **活动反思** 《

这节班会课针对初一新生的特点设计了几个活动环节，能够让学生认识到欣赏别人的重要性。活动的形式有音乐、朗诵、故事、游戏等，特别是"互动"环节，让学生们互相找优点，贴合学生实际，学生愿意参与进来，收到了较好的效果。

《合作真愉快》主题班会设计

马莹莹

【活动背景】

二年级学生在人际交往中不太懂得与他人合作，本课重在引导学生学会合作，构建良好人际关系。

【班情分析】

二年级的孩子活泼好动，喜欢参与活动，虽然经常合作，但对合作的概念比较模糊，所以，根据品德与生活课程的基本特性，采用活动教学法，不但能让孩子们乐意参与，并能在活动中让他们懂得合作，体会到合作的快乐，达到预期的教学效果。

【教法设计】

以活动法为主线，让学生在活动中学会合作，体会合作的快乐，同时结合使用故事创设情境法、交流分享法、直观感悟法、课程整合法等教学方法。

【学法设计】

学生主要通过小组合作参与法去学会合作，体会合作的快乐，同时结合使用交流分享法、讨论辨析法等学法。

【活动目标】

（1）在活动中让学生掌握合作的方法与技巧，懂得合作的重要性。

（2）通过游戏，培养学生的合作意识，提高合作能力，体会合作的快乐。

【教学重、难点】

懂得如何去合作，并体会合作的快乐。

【活动准备】

纽扣、桃子、多媒体课件、用于装饰的画。

【活动过程】

（一）课前活动——感知合作

诵读儿歌——《团结友爱亲又亲》。

（二）故事：摘桃子——体会合作力量大

导语：今天老师给同学们带来了一个小故事。老师边讲故事边播放影片：猴子妈妈生病了，想吃香甜的桃子，可是小猴子要照顾妈妈，不能亲自去摘桃子，怎么办呢？这时候，小猴子的好朋友小兔子和小牛过来了，对小猴子说："我们帮你去摘桃子，你在家里好好照顾妈妈吧。"说完他们就出发了。

他们来到果园里，看到树上的桃子又大又红，可桃树长得很高，小兔子怎么蹦都摘不到桃子；小牛把脖子伸得老长，也摘不到桃子，周围又没有可利用的工具，怎么办呢？谁可以给他们想想办法呢？

（1）小组开展讨论：怎么摘桃子？

（2）汇报交流。

（3）评价：哪种方法最好？为什么？

（4）实践检验。

过渡语：都说实践是检验真理的唯一标准，请"小兔子"和"小牛"出来按照刚才讨论的办法试一试，看看能否摘到桃子？（教师拿出一个用竹竿吊住的桃子，让两个学生扮演小白兔和小牛，用刚才讨论评选出来的办法摘桃子。）

（5）引出主题——合作真愉快！

过渡语：恭喜小白兔和小牛在同学们的帮助下顺利完成了任务，从刚才的故事里，同学们知道他们成功的原因在哪里吗？

① 学生回答。（合作、团结、一起想办法等）

② 揭示主题——合作真愉快！

（三）游戏——学会合作的方法

过渡语：好的合作能够事半功倍，下面老师要检测一下同学们是否懂得如何合作。我们分组完成一个任务——纽扣分家。（每组在课前已经分到一个盒子，盒子里有同样的纽扣，一张白纸、一支铅笔。）

（1）投影出示游戏要求。①按照颜色把盒子里的纽扣分类；②数一数每一类纽扣有多少颗？③盒子里一共有多少颗纽扣？

（2）小组合作完成游戏任务，教师巡视指导。

（3）交流汇报：访问获得成功的小组，他们是怎么做的？访问任务失败的小组，失败的原因在哪里？

（4）总结归纳合作的方法：事先分工→明确每个人做什么→商量好合作的方法。

（四）实践——体验合作的快乐

过渡语：失败了没有关系，通常真理都是从失败中汲取的。现在我们已经懂得了如何去合作，那么请同学们尝试用这样的方法合作完成一幅纽扣装饰画——美丽的树。

（1）投影出示要求：①用纽扣完成一幅装饰画；②时间：8分钟；③3人一组，自由组合。

（2）学会如何邀请别人合作。

过渡语：要别人愿意和你合作，那就得学会去邀请。①请一名学生示范邀请同学和自己合作，教师点评；②自由分组，邀请同学和自己合作。

（3）欣赏一组纽扣画，知道怎么去做纽扣画。

（4）分组完成任务——纽扣装饰画。

（5）成果展示：在优美的音乐声中，把自己的画放在桌面上，同学们自由欣赏同伴的作品。

（6）交流合作体验。

（五）品味生活——感悟合作无处不在

过渡语：合作真愉快！其实生活中的合作无处不在，请打开《品德与生活》第7页，浏览一下图文，想一想这些合作我们是否经历过？除了这些，我们还经历过哪些合作？①自由浏览课本图文；②交流分享：我的合作经历。

（六）回忆——品味合作的愉悦

过渡语：我们是朝夕相处的同学，如同相亲相爱的一家人，我们经常一起合作完成某项事情，比如游戏、值日、学习……让我们一起穿越时空，回到从前，看看我们曾经的合作。

PPT播放一些一起游戏、学习的合作照片，在歌曲《相亲相爱的一家人》的歌声中，让孩子深深体会合作的快乐。

（七）课程整合——引入语文课本关于合作的诗篇，升华合作的意义

过渡语：其实很早之前，在我们的语文课上就已经懂得合作的重要性，让我们再次读一读这篇诗歌，体会合作的意义。

（1）投影出示课文：

人心齐，泰山移。

人多计谋广，柴多火焰敲。

一根筷子容量折，一把筷子难折断。

树多成林不怕风，线多搓绳挑千斤。

一花独放不是春，百花齐放春满园。

（2）学生齐诵课文。（结束课堂）

活动反思

本课由于采用活动教学，收到了较好的教学效果。对于如何使得学生的合作能力持续发展，将在今后不断探索。

《快乐学习，宽容共处》主题班会设计

陈文旭

【活动主题】

人际关系主题班会。

【活动背景】

刚刚升入高一，学生互相之间都不是很了解，容易产生小摩擦，处理不当容易打架。如何增加学生间互相了解，以宽容的心态对待身边发生的人和事，是我们面对新生需要提前关注的地方。中学生的心理正趋向成熟，是人生观、世界观、价值观形成的重要时期，中学生的情绪不甚稳定，极易产生心理矛盾、心理冲突，因此中学生需要心理健康教育以提高自身的心理健康水平，优化自身心理素质，促进人格成熟。而人际关系是组成心理健康的重要指标，为此我们班召开了此次班会，以期让更多的学生树立健康的人际关系，构建快乐学习、宽容共出的和谐班级。

【活动目标】

此班会的目的是丰富学生的心理健康知识，教授学生人际交往的技巧。中学生的独立生活的能力较差，普遍缺乏责任心、公共意识和集体观念，更很少会为他人着想，体谅别人，校园、班级、宿舍里问题很多。希望通过这次班会课，让学生加强班级内部团结及集体荣誉感，学会处理人际关系，提高全体学生的责任心、荣誉感、集体观念，增强人际交往的能力，尽快地融入集体生活，形成同学之间互帮互助、团结友爱的气氛。

【活动宗旨】

提高学生人际交往能力，提高班级凝聚力，构建和谐班级。

【活动时间与地点】

2017年9月6日星期三第八节课，录播室。

【活动过程】

（一）活动分组

全班以班级为单位分成6组。（2分钟）

（二）第一阶段活动过程

"我心中最可爱或最喜欢的同学"评选活动，并分享事迹。

1. 具体操作

班主任让每位组长准备一张纸，各组选出一个描述"最可爱的同学"特征的词语写在准备好的纸片上；班主任将词语写在黑板上；学生通过这些词语来评选"我心目中最可爱的同学"；以集体到讲台亮相的形式对被选中的学生进行嘉奖。

2. 注意事项

每个词语评选出2～3位学生。另外，挑出一些词语引出下一节班会活动。

（三）第二阶段活动过程

1. 具体操作

① 班主任根据上一阶段的活动引出这一问题，要求学生在思考3分钟后，每组选派一名学生与全班分享；②班主任做分享总结。

2. 注意事项

这一阶段的目的是为了让学生们重温自己在班级生活中所享受到的快乐和同学间的友谊、帮助，达到情感的共鸣。班主任要紧紧抓住学生的感受，比如"对他（她）的帮助我感到温暖"，强化同学、室友间的互帮互助带给人的支持、尊重等，以及对助人者的认可和赞赏。

班主任可以先要求大家回想，再让各组派代表，达到每一位学生都重温快乐，学会感恩的目的。分享过程中，班主任要对分享者采取支持、肯定的态度，说出对这一事件的自我感受。分享总结要根据现场的情况，突出班会的主题，引出下一阶段的活动。

（四）在班级人际关系中你认为最棘手的问题是哪些？

1. 具体操作

（1）公布征集活动中最集中的问题。班主任对问题简短总结。

（2）每组一个问题，组长组织组员开展讨论，商量解决的办法。

2. 注意事项

这一阶段可以灵活处理，如两组比赛，看哪组对同一问题想出的办法多。

（五）同学之间要宽容谅解

如何解决这个问题？讨论发言。

人说："你对我的不好，我把它写在沙子上，风一吹就散了，没有什么好计较的。而你对我的好，我把它刻在石头上，就算成了化石，也不会忘却。"

（1）听完这个故事，你有何感想？

（2）有时我们是否不必太过斤斤计较？

（3）有时我们是否应该宽容忍让？

1.具体操作

（1）每组派一名代表发言。

（2）班主任分享总结。

2.注意事项

对一些积极健康正能量的观点，班主任可以给予肯定。这一阶段的目的主要是引导学生正确看待班级人际关系中出现的问题。

学生：俗话说："金无足赤，人无完人。"我们周围的同学（包括自己）都还处于成长的阶段，处理问题常常有很多不妥之处，在许多问题上同学间也会有不同的见解，这就要求能够从对方的角度考虑问题，相互谅解，就不会导致敌意。

（六）营造和谐的人际关系，创造快乐人生

（1）怎样让同学喜欢自己？

同学关系紧张的人，大都性格和习惯方面有一定的毛病，要想人缘好，就要改变自己，日常生活努力做到服饰整洁美观，习惯面带笑容，注意言谈举止，不要卖弄自己，多多帮助别人，善于赞美别人。

（2）全班合唱周华健的《朋友》。

教师：今天，我们专门来讨论了我们的"家庭"，这个"家"在很多时候总是充满欢声笑语，总让我们恋恋不忘。但有时候在这个"家"里也会发生一些不开心的事情，让我们烦恼，我们就把它当作一种学习的延续，把它当作一种普通的人际互动，相信我们一定能够处理好这些问题。我们每一个人都是不一样的，都有我们的"过人之处"，所以就让我们带着一种向他/她学习的态度、一种宽容与大度的胸怀、一种换位思考的习惯来面对班级的人际关系吧。

💬 **活动反思** ◀◀

班会结束，班主任对整个班会做回顾总结，邀请听课的领导点评。

《积极归因，做更好的自己》主题班会设计

刘亚荟

【活动背景】

高三学生面对繁重的备考压力和接踵而至的考试，归因方式各有差异。消极的归因方式易使学生产生消极情绪（如自卑、悲观、逃避），斗志大大丧失，降低学生的备考效率，阻碍学生进步。当学生取得成绩时，缺乏正面的自我认知，不敢肯定自己的努力，对取得的成绩存有侥幸时，久而久之，会形成不良的人格，阻碍他们的健康成长。

因此，本节班会课利用心理学的归因理论和积极心理学的理论知识为指导，采用游戏体验、小组讨论、角色扮演、故事分享等多种活动形式，追寻"游戏导入（提出问题）→角色扮演（感悟、发现）→分析问题（成因、利弊、方法）→自我认知（解决问题）→内化（行动提升）"的设计思路，旨在培养学生用积极乐观向上的态度和正确的归因方式对待学习和生活。用积极的归因方式面对成功和失败，不仅有利于增强学生的自信心，也能激发学生的挑战精神和上进心，从而增强学生的内动力，做更好的自己，成就美好人生。

【活动目标】

1. **认知目标**

（1）使学生了解合理归因对自己的重要性。

（2）初步树立对人生挫折积极归因的信念。

2. **能力目标**

（1）学会正视自己的优点和缺点，培养学生分析调整自我的能力。

（2）引导学生学会积极归因，正确认识自己、挑战自己，做更好的自己。

3. **情感目标**

教育学生正确对待归因，树立积极归因的信念。

【活动重、难点】

（1）使学生了解合理归因对自己的重要性。

（2）引导学生学会积极归因。

【活动准备】

卡纸、签字笔、学生中段考反思表、科任教师寄语、背景音乐、班级照片、励志视频。

【活动过程】

（一）游戏导入，体验归因

（1）游戏"反口令"——所有学生根据教师的指令做相反的动作，如教师指令"向右看"，则学生应做出"向左看"的动作。

（2）教师：依次给出口令，如"向右看""全体起立""右手摸左眼"等。

学生：在游戏中分享游戏心得，总结原因，不断挑战自我。

过渡语：每次成功、失败以后的思考都可以帮助我们以后做得更好！心理学上有个专门的术语，叫作"归因"（归因是个体根据有关信息、线索对行为原因进行推测与判断的过程）。那么，不同的归因方式对我们的学习生活会带来什么样的影响呢？

（二）情景再现，剖析不同的归因方式

1. 角色扮演

高三中段考后，成绩不理想的小A、小B在分析各自的原因。

2. 小组活动讨论

（1）小A、小B对自己的成绩是如何归因的？

小A：归因于受同学的影响、运气、天分。

小B：归因于自己的能力欠缺、自身努力。

（2）这样的归因对他们之后的学习生活有什么样的影响？

小A：自卑、消极，对学习失去信心。

小B：有目标、有斗志，对学习充满信心。

小结：失败→消极归因（如周围影响、运气等因素）→自卑压抑→缺乏坚持，放弃。失败→积极归因（如能力、努力等因素）→激发斗志→增强坚持，更加努力。

积极归因："我不行"→"我能行"。

3. 播放视频

《榜样的力量》（2017年高考状元专访）

教师：组织学生对视频中"状元是如何看待自己所取得的成绩"进行探讨。

总结：成功→积极归因→积极探索→个体增强成功期望，增强自信，继续努力。

积极归因："我能行"→"我更能行"。

4. 师生共同归纳

积极归因原则一：寻找内部因素。

积极归因原则二：把握可控因素。

过渡语：对于考试成绩，我们需要正视自己，对自己进行积极归因；在生活中，当我们面对各种事情时，也要学会积极归因，勇敢地挑战自己、完善自己。

（三）感悟分享，加强积极归因训练

（1）以小组为单位，讨论该情境下的小溪同学应如何进行积极归因及应对策略。

小溪从小就是父母的掌上明珠，由于学习成绩优异，曾担任多年的班长，同学们对她也是"前呼后拥"。可好景不长，到了高三，小溪再也找不到那种众星捧月的感觉了。宿舍里的人觉得她什么事都不干，不喜欢她，身边的同学觉得她太孤傲也都不爱搭理她。小溪孤单极了，说道："我还是以前的我啊！为什么他们都不搭理我呢？肯定是他们针对我、排挤我，还联合起来欺负我！"

小组活动：分析讨论以上情景，小组发言，其他小组的学生可以补充。

（2）播放励志视频：《崔万志：抱怨没有用，一切靠自己》。

学生活动：分享感悟，加强积极归因的意识，树立学生的自信观。

（3）师生总结：面对生活要采用积极的归因方式，向崔万志学习，面对不测，应不屈不服，勇敢面对，成就美好人生。

（四）课后拓展

学生完善课前已完成的《中段考反思表》。

（五）情感升华，做更好的自己

（1）科任教师寄语及班级照片展示，激发起学生挑战自己的信心。

（2）教师鼓励学生敢于面对挑战，积极归因，做更好的自己。

结语：每个人身上都有或多或少的优点，那是金子。只要是金子，无论散落在哪里，都会闪闪发光。我们每个人都应该有勇气正视缺点，并努力改正它。大海不拒百川之水，才变得浩荡；泰山不拒细小沙石，才变得高大；蜜蜂采百花之精华，酿出最甜的蜜，我们积极地归因，让我们自己更加优秀！

【板书设计】

积极归因，做更好的自己

积极归因："我不行"→"我能行"

"我能行"→"我更能行"

原则：内部、可控

	归因	影响
A同学		
B同学		

活动反思

在本节班会课的设计过程中，主要从现存现象入手，针对学生对自我的认识不清或自信不足等问题，以心理学的归因理论为理论基础进行开展，从而引导学生学会积极归因，正确认识自己、挑战自己，做更好的自己。

在班会的环节设计上，我从中段考之后不同学生看待成绩的不同入手，通过学生的情景再现、高考状元的"榜样的力量"激励，引出积极的归因方式的原则和做法，使学生从"我不行"到"我能行"，从"我能行"到"我能更行"，实现思想转化。由学习到生活，通过语音书信的形式展开讨论，崔万志的励志故事讲说更能激发学生加强积极归因的意识，树立学生的自信观。最后的情感升华，科任教师的鼓励视频也激发学生敢于面对挑战，积极归因，做更好的自己，达到本堂课的目的。但一节课的时间很有限，这样的激励教育、挫折教育应该不仅仅限于班会课堂，更应该渗透到日常的教学工作中。

《男生·女生》主题班会设计

麦杏平

【活动背景】

"男生、女生"教育是一个历久弥新的话题。通过观察可以发现，在网络流行文化的冲击下，校园中男生、女生的性别意识与过去存在一定的差异。通俗地说，就是男生没有男生的样子，女生缺乏女生的气质。

【活动目标】

（1）纠正班上男生、女生不良的行为习惯。

（2）引导男生成长为有担当、有责任感的优秀男生。

（3）引导女生成长为有条理、有气质的优秀女生。

【活动准备】

（1）以"主动申报"的形式来确定举办本次主题班会的小组。

（2）提前一周布置周记《我心目中的优秀男生/女生》。

（3）排练小品《风波》，讲述班级中男女生之间出现的小矛盾。

（4）PPT制作（学生完成）。

【活动过程】

1. 小品表演（5分钟）

小品《风波》由两位男生和两位女生来出演，主要讲述的是班级生活中男生与男生之间、女生与女生之间以及男女生之间经常出现小摩擦、小矛盾。这些看似微不足道的事情潜移默化地影响着四位同学的学习心情与成绩，其中一位女生还因此默默地哭了。

主持人引出班会课的主题"男生·女生"。

2. 各抒己见（10分钟）

主持人：小品中的男生、女生有哪些地方做得不够好呢？谁的身上有一些值得你学习的好品质？

学生分组讨论。

主持人：让我们分别提炼出男生、女生身上最让人讨厌的十种行为吧。

（大家自由发言，提炼出标签。男生：撒谎、不讲卫生、随便拉扯女生……女生：小气、自私……）

3. 语段展示（8分钟）

将上周学生写的周记中有意思的片段投影出来呈现给学生，并让学生自主提炼出"优秀男生/女生"身上的十大特质。

4. 游戏环节（8分钟）

游戏规则：两人为一组，限时3分钟，快速记忆黑板上总结出来的"男女生最让人讨厌的十大行为"和"男女生最受人欢迎的十大品质"。时间到后，两人合作在白纸上凭记忆复述这些内容，复述内容最全最完整的小组胜出。

5. 寻找你身边的那个他/她（5分钟）

请学生们根据总结出来的"男女生最受欢迎的十大品质"，寻找班上最符合标准的优秀男生/女生，并即兴为你心目中的他/她拟写一段颁奖词。

6. 小结（3分钟）

主持人总结。

教师总结。

7. 后续任务

请学生们用A4卡纸为"你心目中的那个他/她"制作一张精美的卡片，卡片上贴上该同学的照片并写上他/她的兴趣爱好、特点等，最后附上颁奖词。整理完毕后，展示在教室后墙。

【活动总结】

通过这次班会，班上的男生、女生应该能够初步认识到自身的素质和修养的重要性。游戏环节的设计可以帮助学生加深对优秀男女生所需品质的记忆，同时正视自身存在的不良行为习惯，做到"有则改之，无则加勉"。通过最后的"寻找你身边的那个他/她"环节，可以发掘身边同学的"美"，同时促进学生之间的心灵交流。

《挖掘潜能，实现梦想》主题班会设计

——积极心理学班会课设计课例

蒋俊霞

【活动背景】

经过初中两年的学习，进入初三的学生已经去除了青涩和懵懂。站在毕业班的门槛上，他们会思考："我将以怎样的姿态面对压力重重的初三？我对自己有信心吗？我是选择奋勇直追还是轻言放弃？"这些问题会左右他们在初三整整一年的表现。其中，必定会有一部分学生表现出自信不足、畏缩不前的观望态度，而他们的不自信大多是由于缺乏成功的体验和对自我潜能的正确认识。本节班会课旨在通过活动让学生亲身体验成功的喜悦，激发学生对自身的信心，以正确的态度来重新看待自我，从而激励他们去奋力追求自己心中的目标。

【活动目标】

1. 认知目标

在活动中了解到每个人潜能的真实存在，能对潜能有一个正确的认识，相信人人都有潜能，而且这一潜能是巨大的。

2. 能力目标

（1）通过活动使学生学会在遇到生活和学习上的困境时能积极主动地去应对，并乐于发现和开发自己的潜能。

（2）引导学生掌握科学的方法去开发自己的学习潜能，并以一种自强不息的态度去挑战自己遇到的学习困难。

3. 情感目标

在活动中体验潜能的巨大，使学生感悟到激发个人潜能、树立信心、超越自我的可能性。

【活动准备】

课件、气球、牙签、彩纸、油性笔。

【活动时间】

45分钟。

【活动过程】

（一）热身活动："掌声响起来"

1.一分钟鼓掌

（1）教师引导：我们首先来做一个游戏，这个游戏叫"掌声响起来"。请大家估测一下：假如你用最快的速度鼓掌，1分钟能鼓掌多少下呢？请大家不要进行太多的思考，把第一个进入你脑海的数字写在纸上。

（2）实测学生的鼓掌次数。

（3）引导分享：现在我们每个人的纸上都有两个数字，不知大家对自己的两个数字有怎样的想法，会不会惊诧于两个数字之间的差异？为什么会有这样的差异呢？

2.教师点评

在很多时候，我们对自己能力的估计和实际能力之间存在着很大差异，我们往往会低估自己的能力。这些实际存在而没有表现出来的能力，就是我们所说的"潜能"。给"潜能"下一个定义，就是潜在的能量，常指人类原本具有却没有被开发的能力。

（二）实验活动："牙签扎气球"

（1）教师引导：当一个鼓起的气球碰到牙签时会发生什么状况？在通常情况下的确会爆炸，但今天就让我们一起来挑战潜能，完成看似不可能完成的任务——牙签扎气球。

（2）介绍活动规则：两人一组，一位学生吹气球，另一位学生拿牙签在鼓起的气球上扎洞（不得借助其他工具），牙签扎进气球，气球没有爆炸就算成功，一旦爆炸就算失败。

（3）学生实施活动，限时3分钟。

（4）学生分享感受，教师小结。

（三）案例启发：潜能在什么情况下能够得到激发？

（1）教师引导：潜能是真实存在的，而且是巨大的，但是潜能不会自动冒出来，是要靠开发的。那么在学习和生活中，我们怎样才能最大限度地开发潜能呢?

（2）学生分享有关"潜能得到激发"的案例或故事。

（3）教师总结：人在遇到危险、面临绝境，或受到一定刺激的时候，潜能很容易激发出来。作为初三的学生，我们很少会遇到危险或面临绝境，但有可能受到刺激，这种刺激可能来自于父母、老师或同学。

（四）实施方法：如何激发你的学习潜能

1. 教师引导

除了受到刺激可以激发学习潜能外，还有什么方法可以最大限度地激发我们身上的学习潜能呢？回顾刚才的案例，它们之间存在什么相同之处？

2. 方法介绍

方法一：有明确的目标。

（1）介绍新目标卡片的制作方法。

（2）教师展示模板。

> **总目标**
>
> 我的理想高中是××中学。我的中考总分目标是720分，其中语文××分，数学××分，英语××分，政治××分，物理××分，化学××分，体育××分。
>
> 奋斗240天，我将达到这个目标。

（3）学生课后完成。

方法二：克服惰性，勤奋自律。

（1）教师引导：我们每一个人身上都有一种叫"惰性"的东西，这个东西会严重影响我们潜能的发挥。我们需要克服这种惰性，改掉身上的坏习惯，寻求科学、高效的学习方法，做到勤奋和自律。

（2）自我剖析，小组讨论：①我在学习生活中存在哪些坏习惯？有什么具体的解决方法？②我在某一科的学习中存在什么苦恼？有什么具体的解决方法？

（3）小组代表展示，全班分享。

方法三：培养较强的受挫能力。

（1）教师引导：挫折和逆境在人生中是不可避免的。懂得接受现实需要很大的勇气，但接受现实并不等于否定自己。挫折和艰难能增强我们的力量。

（2）材料展示：大堡礁的故事。

（五）团体活动：放飞梦想

（1）教师总结。

（2）学生齐读板书内容。（配乐）

（3）折纸活动：学生用彩纸折成飞机，然后在飞机翅膀上写下自己中考的理想分数或理想学校，并签上自己的姓名。最后，学生一起放飞"梦想"。

【板书设计】

挖掘潜能，实现梦想；

勇敢尝试，挑战自我；

明确目标，积极应对；

克服惰性，勤奋自律；

面对挫折，永不言败；

坚定信念，勇往直前；

相信自己，潜能爆发；

决胜中考，梦想实现。

《了解父辈，尊重长辈》主题班会设计

谢春霞

【活动背景】

鉴于青春期孩子在家中对家长、在学校对老师的教育通常会产生的逆反心理，我试图在高一年级把青春期可能会出现的情绪问题一定程度地控制在萌芽状态。通过系列主题班会"了解父辈，尊重长辈""了解老师，尊重老师""了解中国，热爱祖国"，让学生在尊重中成长，顺利度过美好的青春期。本主题班会是该系列中的第一个。

【活动目标】

通过学生参与活动，达到心灵的触动、震撼，使其内心深处由衷地呼唤亲情，促使学生检查自己的行为，学会尊重长辈。

【活动准备】

（1）请学生们回家观察父母一周的安排是怎样的。（每组选一个代表用PPT的形式展示给全班同学）

（2）写一篇周记《父母让我感动的二三事》。

（3）我们在家与父母相处时有哪些优良表现？我们平时有哪些不当表现？

（4）搜集你认为典型的尊重父母的材料，可以是文章、电影片段、故事等等。

【活动思路】

（1）学生通过观察、整理父母的日常生活，体会父母对孩子的付出；班会中PPT的展示再一次触发他们内心的体验；通过对周记的讲评，进一步深化体验，层层递进地让学生明确：父辈是值得尊重而且必须尊重的。

（2）让学生反思："我们在家与父母相处时有哪些优良表现？我们平时有哪些不当表现？"使其在内心产生对比，感受自己的不足。

（3）让学生思考应该怎么做（如何尊重）：尊重是什么？怎样尊重？我们

需要怎样做？给出典范，做出示范。

（4）学生讨论总结，教师进一步提炼总结，意在强化效果。

【活动过程】

本节主题教育课由三个环节组成：

第一环节，了解父母。通过观察父母的日常活动看看父辈们是怎样操劳的，在做PPT的同时，学生内心就有所感受，课堂上的各个小组展示能把这个效果进一步强化。

第二环节，我们的思考。第一个活动是不点名的选读节选的周记，然后请学生讨论。选择三种周记：

（1）写得好的，认识正面且深刻的。

（2）两三篇原本应该很感人的，但作者并未体会到，且篇幅很短，比较敷衍的。

（3）不能理解父母苦心，甚至对父母的管教有错误理解的学生周记。

我设计这个活动的原因，一是学生的周记中透露出来的问题，有的不愿意写，有的无从写起，或对父母有怨言，字里行间显示出不该有的反面情绪；二是考虑到学生的认知、思维等年龄方面的特点，简单说教对他们是没效果的，只有比较，让他们了解同龄人的想法，才会纠正自己的错误观点。

第二个活动是让学生们反思。给他们时间与空间，让他们静静地思考。

第三环节，我们的打算。通过一些同学的榜样示范力量，引导学生们今后的行动：学会尊重。把对父母的尊重渗透到生活的一点一滴、一言一行中。学会尊重就学会了感恩：今日感恩父母、感恩老师；明日感恩学校、感恩社会、感恩祖国。

【具体流程】

1. **主持人宣布活动开始**

主持人："了解父辈，尊重长辈"主题班会现在开始。

2. **PPT展示父辈的操劳**

主持人：没有父母的养育，我们何能存于天地之间。我们先来看看父辈们是怎样操劳的吧。

各组PPT展示。（每组3分钟左右，共6个小组）

3. **教师讲评周记"父母让我感动的二三事"**

（7~8分钟）周记里感人的故事再一次让学生体验父辈给予孩子的恩情。

4. 沉思反省

（背景音乐：小夜曲，5分钟）围绕班会主题，请学生低头静静思考：

（1）我们在家与父母相处时有哪些优良表现？

（2）我们平时有哪些不当表现？

（3）我们该怎样做？

尊重长辈，应从小事做起。对父母有礼貌，进门打招呼。父母为你做了事，说声谢谢；你若做错事，应道对不起。父母如果在职，体谅他们的辛苦，自己多独立，好好学习、生活，不让父母太操心。自己的事自己做，不让父母太劳累。父母顺心、喜爱的事，多做些，多遂他们的意。如果偶尔控制不住，对父母发了脾气，过后一定向父母郑重地道歉！尊重父母，不仅是传统、礼仪等方面的尊敬，也要接受父母的处事方法，如有涉及自己的事，父母提出看法或异议，应委婉解释，有商有量，争取达成共识。单方面的"孝顺"不但委屈自己，可能还会产生偏激情绪，不利亲情的发展。尊重自己，也是尊重父母的一种表现。孝敬父母，不但要好好承担赡养义务，而且要亲力亲为，满足父母在情感、生活方面的需求。对年迈的父母，要精心照料，耐心聆听，多抽点时间和他们一起共享天伦。

【活动总结】

主持人：同学们一定感触良多。请大家谈谈自己的体会吧。

同学讨论。（7~8分钟）

教师最后总结。（3分钟）

教师总结：通过今天的班会，如果你内心有触动，你是有收获的；如果你内心不只触动，而是震撼的话，你的收获是最大的。但仅仅有想法是不够的。为什么？（生：付诸行动。）对。请同学们回去兑现这个承诺。

由尊敬家长，我们还应该想到什么？（生：尊重同学、尊重老师、尊重邻里……）对。父辈是我们必须要尊重的，只有这样，我们才能够学会尊重他人、尊重同学、尊重老师，将来才会尊重人民，才能尊重工作、尊重生活，以实现自己的人生价值。尊重别人，别人也会尊重你，让我们成为一个"尊重他人，受他人尊重的人"吧。

《体验亲情，学会感恩》主题班会设计

黄春兰

【活动背景】

亲情是一切情感的基石。只有爱父母，才会爱学校、爱家乡、爱祖国、爱社会、爱我们生活的这个世界，也才能形成质朴健全的人性。初中的孩子正处于青春期，往往会产生与父母相抵触的情绪。他们心里有话不愿对父母说，对于父母的批评和劝导也不顺从，在家比较任性，不懂得感恩。针对学生特点，拟通过主题班会课加强真情体验，感悟亲情，让学生了解父母、感恩父母。

【活动目标】

（1）理解父母养育孩子的辛劳，体味父母亲情，缩短与父母之间的心理距离，学会珍惜亲情、感恩父母。

（2）学会以实际行动孝敬父母、感恩父母。

【活动准备】

制作课件。

【活动方式】

活动体验、讨论、分享。

【活动过程】

（一）活动导入

1.教师活动

多媒体展示"爱有多深"问卷调查。

2.学生活动

按照调查问卷问题，认真思考并做出真实的选择。

设计意图：让学生体会到父母之爱的伟大，培养学生的感恩意识。

（二）体验父母亲情

1. 教师活动

（1）带领全班学生冥想：我在屋里享受空调，我的父母在做什么？

（2）向学生分享一张图片，图片下面配上一句话：哪有什么岁月静好，不过是有人为你负重前行。

（3）展示班级里学生家长的微信图片，理解父母养育孩子的辛劳，缩短与父母之间的心理距离，学会珍惜亲情、感恩父母。

2. 学生活动

（1）在轻柔的音乐声中，学生陷入沉思。

（2）几分钟后，有些学生开始趴在桌子上，并流下了眼泪。

（3）学生分享自己的冥想，全班同学沉浸在感恩的温情中。

设计意图：教室条件比较好，装了空调，在炎热的天气下做冥想，容易引起学生的沉思，容易深入学生的内心，使学生学会珍惜父母对自己的付出。

（三）分享你的幸福

1. 教师活动

导语：在同学们的记忆中，一定留存着父母带给我们的美好、幸福、温馨、感动……让我们想一想父母亲做的让你感动的一件事，回味父母对我们的爱，让我们一起分享你的幸福。

2. 学生活动

诉说父母亲做的让你感动的一件事，与大家分享幸福。

设计意图：通过分享活动，让学生们重温父母的关爱，唤醒尘封的美好记忆，学会珍惜亲情，感恩父母。

（四）找出爱的差距

1. 教师活动

活动一：父母在我们成长中付出了艰辛和汗水，甚至付出了他们美好的青春。作为子女，我们了解我们的父母吗？下面我们来做一个现场小调查：请写出父母的年龄、生日、喜欢的颜色以及最喜欢的娱乐活动。

活动二：我们是不是真的很了解我们的父母呢？下面来随机电话连线两位同学的家长。通过这个活动使学生们真正了解他们的父母。

活动三：处于青春期的我们往往不能理解伟大的父爱母爱，不少同学埋怨父母不理解我们。平时与父母有过冲突的同学请举手。请同学发言，说说冲突的事件、原因。

进入青春期的我们，不愿意受父母管束的我们，怎样做才是正确的呢？

2. **学生活动**

认真回答调查问题。

聆听与父母的电话连线。

说说与父母的冲突。

应该听父母的话，应该主动去了解父母，关心他们的生活。

设计意图：通过三个活动，使学生认识到应该听父母的话，主动去了解父母，关心他们的生活，学会感恩。

（五）我们在行动

1. **教师活动**

借助这节班会课和母亲节的到来进行"我能为父母做什么——让父母因我而幸福"的班级活动并拟定行动计划：我能为父母做什么；让自己的父母成为最幸福的父母。

总结：感恩父母，不只表现在母亲节、父亲节，还应该体现在每一天的行动中，学会在日常生活的点点滴滴中表达对父母的爱。

2. **学生活动**

（1）拟定行动计划。

（2）谈谈自己的计划。

（3）感悟、提升。

设计意图：让学生拟定孝敬父母的行动计划，并将其付诸行动，让学生懂得：感恩父母亲，应该体现在我们每一天的行动中，引导学生学会在日常生活的点点滴滴中表达对父母的爱。

【活动总结】

此次班会课从问卷调查入手，通过冥想体验父母亲情、回忆分享幸福和对比深化，再借助母亲节到来的班级活动拟定行动计划，最后总结将主题升华。希望通过此次班会课的体验，使学生能真正感悟父母亲情，能了解父母、感恩父母！

《学会换位思考，构建优秀集体》主题班会设计

蒲　娟

【活动背景】

处于青春期的高中生在人际交往过程中往往有很多困惑，心思细腻的女孩子尤其如此。我班是个文科班，女多男少，学生间的小摩擦不断涌现。通过观察分析，我发现比较突出的原因是学生不懂得换位思考，他们更多地从自己的角度出发，把自己的感受摆在第一位，总觉得自己是对的，别人是错的。为此，本活动课旨在引导学生认识到每个人因看待事物角度不同而有不同的选择，要学会尊重他人、理解他人，同时运用"换位思考"的方法设身处地地站在他人的角度考虑问题，从而建立相互理解的良好人际关系。

【活动目标】

1.认知目标

认识到每个人因看事物的角度不同，对待同一事物的态度会有所不同。懂得换位思考将有助于人际的沟通、矛盾的化解。明白一个团体需要所有类型的人。

2.能力目标

让学生学会同理，学会在人际交往中运用换位思考的方式来考虑问题，从而提升个人交际能力，避免人际冲突，互相理解、互相合作、互相学习，构建优秀的班集体。

3.情感目标

体验尊重他人的看法，感受换位思考的重要性。

【活动准备】

（1）盲人游戏：眼罩、盲人游戏障碍物、背景音乐。

（2）苹果小游戏：烂苹果2个、桌子、A4纸一张、笔。

（3）四个放着不同玩偶的纸盒子。

（4）大白纸若干张。

（5）多媒体课件。

【活动过程】

（一）热身游戏：抓手指

游戏规则：学生围成内外两个圆圈，面向圆心站好，然后把左手张开伸向左侧，掌心向下，把右手食指垂直放到右侧同学的掌心下。教师发出"原地踏步走"的口令后，全体踏脚步。教师可用口令调整步伐。当发出"1、2、3！"的口令时，左手应设法抓住左侧人的食指，右手应设法逃脱，重复游戏几次，以抓住次数多者为胜。

（二）盲人与哑巴

（1）挑出5名热身游戏中被抓的学生，蒙上眼睛，迅速布置障碍，找出5个学生当哑巴（随机挑，不出声，不让盲人知道是谁），组成5个小组，准备游戏。

（2）游戏开始，要求全部人不能出声，特别是盲人与哑巴，不能有语言交流，只能有肢体接触。

（3）念旁白，播放背景音乐。（旁白：这是一片森林，天渐渐黑下来了，风从四面八方刮过来，雨噼里啪啦地打在你身上，电闪雷鸣，你看不到同伴，也听不到他的声音，你们需要穿越障碍，快速离开森林……）

（4）角色互换，刚才的哑巴蒙上眼睛当盲人，盲人当哑巴，增加一组，让刚才的旁观者当盲人。重复游戏。

（5）谈感受：

问第一批盲人：

① 当你们第一次作为盲人，被蒙上眼睛穿越障碍的时候有什么感受呢？（担心、害怕、紧张、无助吗？）

② 当你们反过来做哑巴时，又有什么感想？哪些细节应更加注意？

问第一批哑巴：

① 引路的过程中，看到面前的障碍，你们觉得难通过吗？盲人犹豫不决、小心翼翼时，你会感到焦急吗？你想不想快速地让他通过？

② 当你蒙上眼睛成为盲人时，障碍通道有你想象的那么容易吗？你有没有

紧张、害怕、无助？你能理解刚才的盲人为什么那么小心谨慎、踌躇不前了吗？

问观众：你们觉得我们设置的障碍通道看起来困难吗？看这5个小组通过障碍，你们有什么感觉？如果是你，你能快速通过吗？

教师总结：当我们蒙上眼睛当盲人时，我们看不到周围，也听不到同伴的声音，对四周的一切都感到不安，甚至恐惧，每踏出一步都十分谨慎，小心翼翼。而哑巴看得到障碍，对通过障碍充满信心，无法理解盲人的犹豫不前。为了理解同伴的想法和行为，我们进行角色互换，当哑巴成为盲人，观众成为盲人，才能真正体验到盲人的感受，而盲人变成哑巴，也才能理解他为什么着急让你通过。

为了让大家进一步体验，我们来进行下一个小游戏。

（三）苹果实验

苹果实验步骤：

（1）请一位喜欢吃苹果的学生甲上来，面向全班同学，站在桌子后面，要求不能出声。

（2）教师在桌子上摆上两个烂苹果，标明苹果A和苹果B。A苹果是烂的地方对着桌子前面的学生，B苹果是烂的地方对着桌子后面的某某同学。

（3）提问：①问学生甲：老师现在要送一个苹果给你，你会选哪个呢？请你写在A4纸上，注意不能出声；②提问下面的学生：你们认为某某同学会选择哪个苹果？

（4）请学生甲公布选择。（大家或者惊讶，或者好笑。）请下面猜错的学生发言，并请学生乙上来站在学生甲的位置，告诉大家学生甲选择的真正原因。

（5）谈感受：把苹果实验和生活中人际矛盾的发生联系在一起，你有什么新的领悟呢？

（6）教师小结：实际上，甲同学和乙同学的选择是一样的，都是把他们看到的完好的苹果留给老师，把不好的留给自己。但是由于他们所处的位置不同，所以我们产生了误解，以为他们的选择不同，而他们之间也不能相互理解。从这个实验中，我们知道：要真正做到理解别人就要设身处地地站在别人的角度去看问题，也就是换位思考。（出示课题）

设计意图：让学生认识到每个人因看事物的角度不同，对待同一事物的态度会有所不同。懂得换位思考有助于人际的沟通、矛盾的化解。

（四）换位思考，理解他人

（PPT展示）

（1）换位思考的定义：从他人的角度出发，设身处地地感受他人的心理。

（2）让学生分享感受，并让学生代表写到大白纸上。

设计意图：让学生了解换位思考的方法。

（五）尊重欣赏人与人的差异

（1）教师拿出四个装有不同玩偶的盒子，问学生在压力之下最想逃避的是什么，然后做出选择。

（2）学生选择之后，教师出示盒子里的玩偶，让选择相同的学生组队讨论个人性格特征。

（3）教师引导学生思考每一种个性的人的优点，从而领悟一个集体需要所有类型的人的道理。

（4）让学生代表分享感受。

（六）实战擂台

PPT展示几个学生人际交往冲突案例。

教师：在日常生活中，我们会遇到很多人际交往中的矛盾，这里就有几个发生在我们班里的案例，请大家认真阅读，思考：如果你是案例中的主人公，你会如何处理？

案例一：宿舍熄灯后，舍友拿出一根蜡烛点燃起来，做他自己的事情。姑且不说被宿管抓到，单单那一闪一闪的火光就让我睡不着觉，这让我很烦躁，我多次叫他熄灭蜡烛，他都不听，于是我很恼火地从床上爬起来，一脚把蜡烛踹灭。

案例二：上学期的班际篮球联赛，在前几场比赛中，为了赢得比赛，主力队员几乎打了全场，我的上场时间非常少，作为球队的一员，我认为大家都应该有上场表现自己的机会，所以我对此有很大意见！我找队长商量，队长说："谁的状态好，就给他多点时间发挥。"但我还是很不开心！

设计意图：让学生尝试用换位思考的方法来解决自己的人际冲突事件。

【活动总结】

教师肯定学生的发言，简单总结：同学们，很高兴能够和大家一起分享和体验换位思考，通过这一节课，希望同学们能够真正认识到，每一个人站的角度、立场是不一样的，各有各的理由，我们应该学会站在对方的角度去思考问题，以开放的心态对待矛盾和冲突，从而获得新的理解。通过换位思考，可以让我们了解别人的心理需求，感受到他人的情绪；让我们揣摩到对方的心理，达到同理对方的目的；让我们欣赏到他人优点，并给予对方真诚的鼓励，使我们的生活中少一些纷争，多一些理解；让我们互相欣赏、互相学习、互相合作，构建优秀的班集体。

《学会相处，珍惜友情》主题班会设计

易美丹

【活动背景】

七（4）班是一个组建还不到两个月的班集体，他们来自不同的学校，来自不同的家庭，学习习惯不同，生活习惯也各不相同。他们才十二三岁，比较冲动，男学生爱表现自己的英雄气概，所以常会有冲突发生；女学生比较多闲言闲语，所以常常闹出矛盾，彼此不开心的同时，也极大地影响了班集体的和谐发展。

【活动目标】

1. **认知目标**

通过活动，让学生明白矛盾产生的原因，知道在集体生活里哪些事能做，哪些事不能做。

2. **能力目标**

引导学生正确分析问题，领悟与人相处的道理，掌握与人相处的方法。

3. **情感目标**

做一个懂得共处的人，珍爱青春路上的每一份友情。

【活动形式】

小品、讨论、颁奖、分享。

【活动地点】

阶梯教室。

【参加人员】

七（4）班学生和老师。

【活动准备】

收集相关照片、设计课件、做视频、爱心卡。

【活动过程】

（一）暖场

1. **教学环节**

猜猜人物，营造气氛。

2. **教师活动**

展示部分学生的特点，让学生猜他/她是谁？

3. **学生活动**

参与竞猜。

设计意图：营造氛围，增加趣味性，吸引学生的注意力。

（二）导入主题

1. **教学环节**

看话剧，省吾身。

2. **教师活动**

请学生表演（两种结果的演绎）。

3. **学生活动**

部分学生参演，其他学生观看；谈感悟。

设计意图：通过对比，初步明白不同的处理方法会导致不同的结果。

（三）认识主题

1. **教学环节**

赏漫画，悟方法。

2. **教师活动**

展示一组漫画，让学生谈共处方法。

3. **学生活动**

小组交流，各组派代表发言，畅谈共处好方法。

设计意图：通过生动有趣的漫画，引导学生正确地分析问题，领悟与人相处的道理，掌握与人相处的方法。

（四）体验主题

1. **教学环节**

找榜样，献爱心。

2. **教师活动**

归纳总结相处之道，引导学生发现身边类似的同学，并请学生投票，讲清投票要求：最懂待人接物、最懂相处之道的同学两名，男女生各一名。

3. 学生活动

学生投票，让获奖学生谈谈与人相处的技巧，要讲出具体的事例。

设计意图：树榜样，让榜样的力量传递给更多的学生。

（五）升华主题

1. 教学环节

观视频，谈所得。

2. 教师活动

播放七（4）班《珍惜友情》视频，请学生谈感受。

3. 学生活动

观看、领悟、感想、道歉、拥抱等。

设计意图：强化氛围，培养集体荣誉感。

《我们是最棒的》主题班会设计

——体验式团体心理辅导课教学设计

陈小霞

【活动背景】

我所教的班级的学生，聪明、活泼、好动、团结，在我看来这些都是优点，可是有的科任老师觉得他们思维太活跃，爱说话，课堂纪律很难控制。我们班从开学到现在，在卫生清洁、仪容仪表、黑板报评比、篮球比赛、运动会上都有非常好的成绩，唯一让学生们伤心的是，我们班没有尖子生，所以当学校大会表扬成绩好的同学的时候，我们班学生特别沮丧，还有学生因为成绩不理想转学了。在这种情况下，我设计了这次主题班会课。根据积极心理学理论："只有人的内在的积极力量得到培养和增长，人性中的消极因素才能被抑制。"本节课就是运用心理学专业知识对本班学生施以积极、正向教育，注意调动和发掘其克服困难的积极性和心理潜力，从而达到"自信、自立、自强、欣赏、互助、幸福"的教育目的。

【活动目标】

1. 认知目标

帮助每位学生充分认识和发现自身的优点，相信自己是与众不同的个体，相信自己能够实现自己的目标。

2. 能力目标

通过本次班会课的一系列活动，让学生们内在的积极力量得到培养和增长，从而实现"自信、自立、自强、欣赏、互助、幸福"的自我教育，并将这种正能量转化到平时的学习、生活中。

3. 情感目标

通过帮助学生找优点，在交流分享中彼此启发，相互学习，学会欣赏他人，与他人快乐合作，从而建立幸福的人际关系。

【活动对象】

鱼窝头中学高一（2）班。

【活动时间】

2013年12月18日。

【活动准备】

准备游戏道具：彩色卡纸、绘画笔、音乐。

（1）准备学生们小时候的照片，奖状，我们班的荣誉证书，小学老师、家长赞扬孩子的资料。

（2）制作班会PPT。

（3）班歌。

【活动过程】

1. 导入（1分钟）

教师：我的小伙伴们，从军训到现在，认识你们已经128天了，你们的机智幽默、你们的球场风姿、你们的设计才华、你们的团结协作、你们的乐于奉献、你们的爱心、责任心，甚至是调皮捣蛋，都令我快乐、令我年轻、令我朝气蓬勃，我为你们骄傲。现在我们一起来做一个小游戏《雨点变奏曲》。（破冰阶段：活跃气氛、放松身心，降低心理的焦虑和压力）

2.《你猜猜》

看看你对身边的小伙伴知多少。（5分钟）

音乐响起：《我们真的很不错》。

PPT播放学生们小时候获得的荣誉：数学竞赛二等奖、南沙区三好学生，以及小学老师、家长对他们的赞扬等等，让学生们了解自己的小伙伴的辉煌过去，帮助孩子们树立信心。

总结：我们班的同学……（是最棒的！）

教师：尽管我们是最棒的，可是在日常生活中我们依然会有烦恼，下面请听一听《新闻最前线》的小记者们的报道。

3.《新闻最前线》

经过班级小记者调查，发现学生们在生活、学习、交友方面都存在很多困难，请听一线记者发来的报道。

（1）小A：我觉得自己长得不白也不美，同学们都不喜欢我，我该怎么办呢？

（2）小B：我觉得英语、数学特别难学，无论如何都学不会，我打算放弃。

（3）小C：初中老师当我们是笨蛋，一道题讲十遍，高中老师当我们是天才，十道题讲一遍，我真的受不了。

（4）小D：我从小写字就不好看，我也没办法，这是天生的呀！

（5）小E：现在的宿舍与家里差别太大，我很难适应。

教师：遇到这些困难我们该怎么办呢？下面让我们来听两个小故事，看看从故事中，我们能得到什么启发。

4. 故事分享

（1）《神奇的发夹》：自信是一种很奇妙的东西。

小组分享：什么使女孩变得美丽、开朗、乐观、受人欢迎？

（2）《心理学实验》：动物心理学家的"跳蚤"实验。

小组分享：如果我们就像这只跳蚤，那么什么是我们的高度？什么是我们的自我设限？是给你重重一击的玻璃盖，还是舍不得改变或改变不了的坏习惯？

教师：我们必须找回童年的自己，并且相信自己，只要我们积极行动，就会成为自己想要成为的人。

下面请用你们的一双双慧眼，发现自己以及他人身上的优点。

5.《慧眼识英才》

（1）《目光炯炯》

要求：两人对坐，目光对视1分钟，轮流说出自己的一个优点，态度肯定，大声说三遍。

学生分享：说优点时每一遍的感觉有什么不同？（学生：说优点时感到一遍比一遍自信。）

（2）《自信百宝箱》

教师给所有学生发一张爱心卡，让学生在爱心卡上填写："我欣赏你……因为……"写完之后依次向右传，直到爱心卡回到本人手里。

举例：我欣赏你乐于助人，因为在同学们遇到困难的时候，你总是第一个伸出援手。

（3）小组分享：①读自己的爱心卡，看到别人对自己的赞扬时，有何感受？②是否有一些优点是自己以前没有意识到的？是否加强了对自身优点、长处的认识？③指出别人的优点时你有何感受？

（学生思考回答）教师小结：被别人指出优点时感到很高兴，大家指出的大多数优点和我以前认识到的完全一致；有许多优点是我以前没有发现的，这使我加强了对自身优点和长处的认识，使我变得更加自信；指出别人的优点时，我会想这一点我不如他，应该向他学习。

6. 教师总结

同学们，通过你们的一双双慧眼，

你们既找到了自身的优点，

也欣赏、肯定了他人的长处，

从现在开始，让我们相信自己，

相信自己，梦想在你手中，这是你的天地；

相信自己，你将赢得胜利，创造奇迹；

相信自己，你将超越极限，超越自己；

相信自己，你能战胜一切，你们将是第一。

《经历高三，也是一种幸福》主题班会设计

张玉梅

【活动背景】

开学至今已三个月了，忙碌的学习、三点一线的轨迹，学生开始麻木；面对付出与收获的不及时对等，学生开始躁动，总觉得有很多负面的情绪，消极情绪此起彼伏。殊不知，高三学习是一个历练的过程，是一个让人生升华的过程，我们得让学生感受到高三的珍贵，感受高三生活给我们的幸福，学会珍惜，不忘初心，砥砺前行。

【活动目标】

（1）让学生通过观看一系列的视频、资料来了解前辈们在高三收获了哪些幸福。

（2）让学生有所感悟，明白高三的珍贵。

（3）让学生懂得奋斗的青春最美丽，要紧握属于自己的高三幸福。

【活动形式】

以小活动等体验形式来感悟主题。

【活动准备】

（1）本活动需要较为宽敞的活动室。

（2）总结关键词所需的卡纸，制作自我激励的小卡片。

（3）采访前辈们，了解他们的高三生活，并录制视频，制作高三以来的日常生活的视频。

【活动过程】

1. 开场朗诵

步骤：让学生朗诵，开始本次班会课。

附朗诵稿：

《经历高三，也是一种幸福》

高三像一条充满困难的荆棘大道向我们绵绵展开。

同学们，你是否抬起了自己坚定的步伐？

敞开你们的喉咙，一路高歌迈过去，迎接你的将会是阳光明媚的敞阔坦途大道。

高三像一辆亢奋的革命战车向我们轰轰驶来。

同学们，你是否挺起了自己坚强的身影？

骑上你们的战马，奋力搏杀冲过去，迎接你的将会是金光闪闪的胜利奖杯。

高三像一位和蔼的长髯老者向我们轻轻走来。

同学们，你是否扬起了自己自信的双手？

运用你们的睿智，排除万难闯过去，迎接你的将是春意盎然的美好春天。

高三像一位冷艳的妙龄女郎向我们翩翩飘来。

同学们，你是否展开了自己洒脱的胸膛？

捧出你们的痴心，意气风发迎过去，迎接你的将是温馨浓烈的朱唇热吻。

过渡语：没有经历过高三的人生是不完整的人生，至少少了一次特殊的生命旅途。高三意味着搏击，意味着铺垫，也意味着重生。

的确，高三让我们承载的东西太多太多，有时压抑，有时兴奋，有时痛苦，有时快乐。但高三是令人难忘的，也许正是因为它的丰富，等我们从里面走出来看看天的时候，才会更加的感受到世界的七彩美丽！所以，经历高三，也是一种幸福。

设计意图：用朗诵感染学生，渲染氛围。

2. 我们的高三——活动：观看视频

导入：从开学到现在，我们经历了什么，感受了什么，让我们通过视频一起回顾走过的路。

任务：①观看视频；②用关键词写出观看视频后的感受（2分钟）；③小组展示、分享。

总结：虽然只有三个月的时间，但我们已经体验到了高三的酸甜苦辣。有苦、有累、有焦虑，这是很正常的，只有经历了苦和乐，才是真实的高三。这种经历其实也是人生的一种阅历，为了梦想奋斗，为了幸福奋斗，充实、快乐，迷茫又兴奋。如此丰富的高三不也是一种幸福吗？学会接受高三，悦纳高三，也接受不完美的自己，悦纳自己，这就是一种幸福的体验。

设计意图：通过视频勾起学生的回忆，让学生在回忆中总结自己的高三关键词。同时，学生的分享是本次活动的高潮部分，学生的自身说法更有说服力。

3. 高三插曲——你还有不适感吗

（此环节可根据学生上一环节的展示决定是否保留）

活动：个别学生分享自己的感受。

4. 前辈们的高三——活动

观看视频，多角度了解前辈们的高三生活。（提前拍摄师兄师姐们、科任老师们经历高三的视频，此视频内容建议为遇到何种困难，如何面对等过程。）

导入一：接下来我们也看看科任老师们、师兄师姐们是如何度过高三的，是怎样珍惜高三的。

任务一：①观看视频；②用心感受老师们和师兄师姐们的高三是如何度过的，以及收获了什么。

总结：幸福的高三，也要讲方法。把高三过好，把高三当作一段旅程，可以看到沿途的风景，可以遇见美好的人儿，何其受鼓舞。

导入二：接下来跟大家分享一篇文章，《我们都不是神的孩子》（课前印发给学生），作者是林丽渊，2007年高考广西文科状元，考入北京大学光华管理学院。她是一个活泼开朗得"近乎无可救药"的女孩，喜欢背着包呼啦啦的"横扫血拼"大街小巷的各类店铺和疯玩种种不可思议的事。但为了实现她早已有之的大学梦想，高三时她全心全意做一个"无趣"的人，抛下与学习无关的事和物，专心备考，终于圆梦。

任务二：阅读《我们都不是神的孩子》（见附件），并让学生朗诵、分享其中的片段。

设计意图：通过科任老师和师兄师姐们的分享，拉近师生距离，原来前辈们的高三也和我们一样，有苦有累，幸福是奋斗出来的。

5. 激扬高三——活动：头脑风暴

导入：高三的生活确实夹杂着很多的味道，让每一个认真走过了的人无法在回首时说出其中的情感。

林丽渊说过："一颗心，是绝对不会因为追求梦想而受伤的。求学之路的失落与得意、清晰与迷茫，最简单的在于你拥有一个什么样的心境。"

在高三中的我们，应以什么样的心态度过高三呢？

任务：我们应以什么的心态度过高三？

设计意图：及时引导学生以积极的心态面对高三，即使荆棘满布，经历就是一种幸福。

6. 成就高三——活动：高三加油站

导入：为了成就幸福的高三，我们要有积极的心态（积极、乐观、悦纳、感恩、行动、友善、沉着、自信）。好了，我们就把这一份积极的鼓励化作我们的目标卡，一直鼓舞着我们度过高三。

任务：学生自行设计目标卡，并在目标卡片写上目标、合伙人以及激励的话语。

设计意图：班会课的延伸、升华，让学生能把在班会课中激发的学习热情转移到实际的学习目标当中，内化为自己的行动。

7. 唱响高三——合唱：《怒放的生命》

导入（本次班会课总结）：以后，回过头看看，努力过的高三才是幸福的高三，奋斗过的高三才是最美、最珍贵的高三。

所以，同学们，加油啊！你的一切付出都是值得的。颓废的、消极的、玩乐的高三会成为人生的一种遗憾。

最后，让我们以一首《怒放的生命》来结束本次班会课，即使彷徨、迷茫，也可以通过自己的努力拥有挣脱一切的力量，怒放生命。

任务：合唱。

设计意图：让学生在激昂的歌声中放飞梦想，激扬青春。

活动反思

关于活动准备，本次班会课需要多个视频，教师需要提前做好准备工作。

其一，学生的高三活动视频。这一视频的制作需要班主任在平时做一个有心人，收集学生活动的照片并整理，此视频的制作即可得心应手。

其二，师兄师姐们的视频。因学生已上大学，在提出拍摄视频的要求时，应明确视频内容是有关高三是有苦有累的，但之后的收获是幸福的，以减少工作时间。

其三，科任老师们的视频。视频的拍摄内容要明确在遇到困难，如何克服等，让学生有所借鉴学习。

关于活动过程，本次班会课设计的环节较多，班主任应根据活动过程进行删减。另外，学生展示后的生成要及时关注、引导。教学过程要重生成，现场触动学生的事情要及时给予学生回应。

最后，本活动设计是走心的、感性的，需要班主任与学生共经历、共感悟才能达到教学效果。

附：

我们都不是神的孩子（节选）
——一个状元的高考内心独白

作者简介：林丽渊，2007年高考广西文科状元，毕业于广西钦州市浦北中学。高考总成绩672分。现就读于北京大学光华管理学院。

我想着，每天的日子在不停地重复，简单充实，略显乏味。但是没有关系，我愿意，一切都值得！

早晨，爬到学校五楼教室时我气喘吁吁睡眼朦胧，困了我就扯我同桌问问题："把唐朝的文化史介绍一下……"随后，在座位上翘着脚，忘乎所以地抱着书，捏着笔拼命背历史，分朝代和专题背，背到连书都想扔到窗外去；中午吃饭时，嘴里塞着饭，同时翻看着下一步的学习任务，把自己想得比国家总理还忙；放学后在操场上慢跑，还逼自己边跑边背古文；晚上做一大堆数学题，像许多文章里面描述的一样，旁边放着一杯咖啡……这是我的一天，我不知道这样的一天会不会让别人很"鄙视"和觉得太夸张了，受不了。但我真的是这么过来的，我是一个寻常的高三生，深陷在高三里，只知道机械般地吃着饭，上着课，做着题，平静得如同家乡的小城，永远都不会有什么大事发生。

苦，是从来不会白吃的。

临近高考那段时间，各种各样品种繁多的试卷如约而至，轮番轰炸，躲都躲不了。月考已经不算什么了，每周一大考，三天一小考，这还只是学校的硬性规定，各科老师还商量着什么时候时机对头了，再来和同学们用试卷"交流交流，以保持战斗力"。

从下学期开始，我们年级的课程表全面改版，两节课连堂上那绝对是正常情况。我们每天都会交上N张密密麻麻的聚集了自己近一年复习心血的试卷，也会收获N张批了鲜红分数的试卷。分数，这个具有强烈刺激性质又很值钱的家伙，在那年的春天，它的魄力足以让包括我在内的所有高三学生震慑不已，既爱又恨。虽然我早已"身经百战，软磨硬泡"地成了考试老手，可遇到考试还是担心考不出好成绩，"百炼没有成钢"的郁闷笼罩着每一次将来的测试：感觉自己为数学付出了许多个白天和黑夜，却没得到期望中的红苹果。文科综合也是刺痛我神经的一科，4分一道的选择题，十几分一道的简答题，稍微一疏忽就眼睁睁地看着好好的分数突然没了，像错过一场华丽的邂逅，最终一无所获。可即使这样，我依旧每天嚷嚷着要考复旦，依旧每天拿着繁多的试卷仔细地做着，因为我的选择是没得选择，所以我一直学啊学……

《高考我能再增分》主题班会设计
——"学习方法+心理调适"主题班会

麦杏平

【活动目标】

（1）引导学生归纳总结广州市二测中各科学习上所存在的问题与不足。

（2）针对各科学习中存在的问题与不足给予学生相应的指导。

（3）帮助学生进行二测后心理调适，引导学生以最优的心态迎战高考。

【活动对象】

高三（7）班全体同学。

【活动时间】

2018年5月2日（周三）下午第六节课。

【活动地点】

格物楼三楼录播室。

【活动准备】

（1）二测结束后由学生完成学科学习问题调查表。

（2）邀请各科任老师录制学习方法指导视频。

（3）邀请个别学科的优秀学生分享学习方法。

（4）邀请家长录制视频为学生加油鼓劲。

【活动过程】

（一）导入（二测成绩分析）

教师：（7）班的小伙伴下午好，广州市二测刚结束，今天我们相聚在这里，针对我们班的二测情况进行分析，寻找最后冲刺阶段的复习思路并努力调整心态，一起决战高考。所以，今天班会的主题是"高考我能再增分"，希望大家上完本节班会课后，能增几分是几分。

从下表数据来看，我们班在区前300名中所占人数相比一测有所退步，尚未达到我们的理想目标，临界生人数较多，发展潜力较大。

先看本次广州二测我们班级的情况：

	7班总分平均分	区前300名人数	本科人数预测	临界生人数
二测	374.62	15人	15人（按区）	11
一测	349.21	16人	10人（按市）	10

从下表数据来看，语文、数学在这次考试中相比一测有所进步，而英语与文综有所退步。

学科	语文	数学	英语	文综
二测	89.56	82.12	55.03	147.91
一测	86.83	55.71	63.82	141.71

（二）学习方法指导

1. 投影学生二测后的学习问题汇总

语文	（1）主观题答题思路不明晰（小说、散文、诗歌）。 （2）基础知识不够扎实（成语、病句、文化常识）。 （3）作文审题
数学	（1）选择题部分耗时较多，大题答题时间不够。 （2）数学公式记住了，但不会运用。 （3）看到不会做的大题时心里会很慌
英语	（1）不懂得建立上下文的联系（完形填空）。 （2）阅读理解不能很好地理解文章大意。 （3）短文改错耗时较多，得分不高
文综	（1）政治：①主观题懂原理，但不回答；②选择题审题出错。 （2）历史：①史实记不清，小论文有待提高；②选择题抓不住要点。 （3）地理：①大题答题思路不清晰；②图表题看不懂图
其他	（1）文综总是做不完，不知道如何分配答题时间，使总分最大化。 （2）应试心理问题，尤其是遇到不懂的题目时表现得过于紧张。 （3）书写

2. 播放各科任老师录制的学习方法指导视频

教师：针对大家在二测后提出的学习问题，老师邀请了我们的科任老师从宏观上和从微观上给予大家一些指导，其中语文学科老师请了我们学校的泰斗级语文老师谌老师来跟大家聊聊，希望同学们在看录像的同时拿起你的笔记本做好笔记，作为后阶段学习的参考。

播放完视频后，引导学生归纳总结各科后阶段学习的方法。

教师：看完我们可亲可敬的老师录制的视频，我们一起把视频中科任老师提到的方法指引梳理一下。

整理

语文 ┤

（1）试卷　① 套卷。
　　　　　② 小题、专题卷。

（2）知识点　① 分题型，重点是主观题。
　　　　　　② 找典型例题。
　　　　　　③ 列表，用一张大纸列出来（直观易记）。

（3）突破点　① 作文审题、作文素材。
　　　　　　② 客观题、易错题。

回忆 ┤ ① 熟记自己整理的表格。
　　　② 回忆各种题型与相应的答题模式，记典型例题。
　　　③ 一周至少进行一次回忆。

运用 ┤ ① 后阶段训练时要有意识地将要做的题与要记的表格内容联系
　　　　 起来，自觉运用所记知识。
　　　② 如果有新题型，将其归入"表格中"。

节奏 ┤ ① 学习重在张弛有度。
　　　② 套题与小题、专题配合，训练与测试配合。
　　　③ 做题节奏：时间分配；难易把握。
　　　④ 心理节奏：沉着自信，从容备考。

数学 ┤ ① 选择填空题：在确保正确率的前提下尽可能地提高答题速度
　　　　 （尽量40~50分钟内完成）。
　　　② 大题：学会取舍，舍弃日常训练中总是难以得分的题。

英语
① 阅读理解题要理解文意：研究固有结构，利用模板。
② 完形填空要建立与上下文的联系；多用常用语境分析对比方式。
③ 短文改错：注意含义优先。

文综
① 回归课本知识。
② 养成做题习惯：慢审快答；训练与考试答题风格保持一致。
③ 查漏补缺，多看错题。
④ 合理分配答题时间。

3. 优秀学生分享学习方法

教师：大家梳理过一遍各科后阶段学习需要注意的问题后，应该已经大体做到胸中有丘壑。对于文综考试中时间分配的问题，我们邀请二测考试中表现不俗的洪梓杨同学来分享一下学习心得。

洪梓杨同学本次考试中列年级第20名，文综居第9名，我们一起听听她是怎么应试的。

（三）学生心理调适

1. 分析考前心理问题

（1）给自己过度施压，如下图所示。

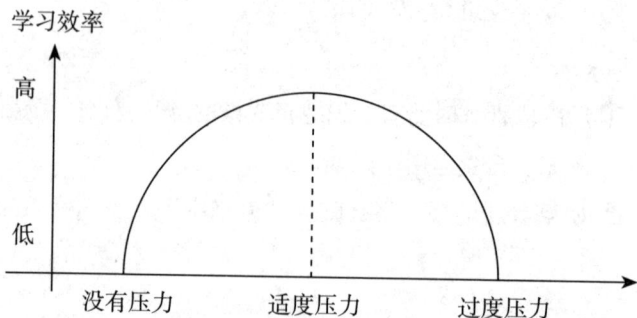

（2）对高考过分焦虑，如下图所示。

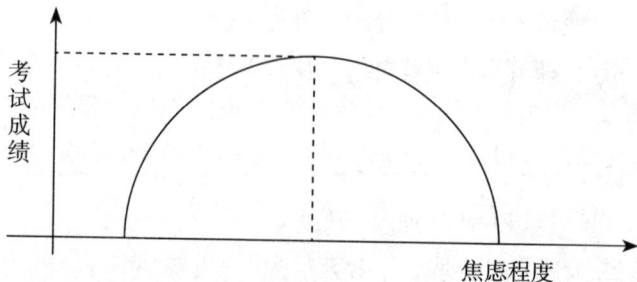

（3）难以集中注意力。

教师：越临近高考，有的同学发现自己越难集中注意力，无论是在课堂上，还是自学或者测试中都会出现这样的情况。注意力不集中势必会影响学习效率。

2. 心理调适方法

（1）强化自信，积极暗示——不要怕。

教师：不管你现在是成绩拔尖，还是跟别人有一定的差距，千万别忘了每天都要带着满满的自信起床。无论个人情况如何，每个人都有自己的优势与不足，例如：有的同学基础扎实根底深，无论高考如何变，都能游刃有余；有的同学思维灵活敏捷，对高考创新题尤为适应；有的同学阅读面广，视野开阔，心理素质好，抗压能力强，善于超水平发挥。

不管怎样，在高考前夕，对于自己的缺点与不足不要过多责备，要多看、多想、多回忆自己的长处和潜力，激发自信心。多给予自己积极的暗示，"我行，我一定行""我潜力大""我进步大"诸如此类。从狐狸吃葡萄的故事中我们可以得到启发，狐狸吃不到葡萄说葡萄酸，这并不是自欺欺人，而是其"聪明过人"之处。面对一颗自己吃不到的葡萄，与其在架下上蹿下跳白费劲，不如暗示自己葡萄是酸的，另找甜的——自己熟悉的、力所能及的，以长补短，同样可以成功。所以，相信自己，不要怕。

（2）优化情绪，面对现实——不要烦。

教师：焦虑是高三学生在不良情绪上的主要表现。因为许多的考试、挫折与失败对自己过去的学习不满意、后悔、迫不及待地想改变目前的状况、不知道从何做起、觉得付出了努力但是收效甚微、感觉生活欺骗了自己、看到父母脸上的担忧等，这些想法会导致许多同学整天紧张兮兮、烦恼、焦虑、浮躁。

高二时，我们上过一节有关情绪调节的班会课。相信大家还记得，情绪在我们的学习与生活中扮演着非常重要的角色，多彩的情绪会使我们的学习生活变得多彩。

应试压力使我们产生不良情绪，是一件很正常的事情。但我们为了避免让自己深陷于不良情绪中无法自拔，必须积极主动地优化我们的情绪。比如，感觉苦闷、心情低落时及时找老师、同学倾诉，或者到操场散散步，甚至可以选择大哭一场……这些方式都可以帮助我们排解内心的不良情绪，从而回归到正常的学习生活中。因此，有了情绪要勇于面对，不要烦。

（3）按部就班，正常作息——不要悔。

教师：有的同学高一高二时荒废的时间过多，基础没有打牢。现在到了冲刺阶段，依然觉得自己在复习中漏洞百出，因此懊恼不已。在这里，老师套用鲁迅先生的一句话来说——真的猛士，敢于直面充满缺陷的人生。

另外，在后阶段，养精蓄锐去迎接高考是非常必要的。挑灯夜战，希望牺牲睡眠时间去进行题海战术填补自己以往的漏洞，很容易得不偿失。当然，也不能走极端，认为考前一周要放松休息，专门用来调整心态，也会适得其反。

所以在冲刺阶段，按部就班，按照自己之前学习效率较高的状态来正常作息就可以了。

3. 考前减压小妙招

（1）深呼吸法：①深吸气——尽力吸入一大口空气；②屏住这口气，慢慢地从一数到五；③很慢很慢地把气呼出，直到完全呼尽。

（2）中医按摩舒缓法：双手捂耳，沿顺时针、逆时针方向各揉30次，再用两拇指用力按揉双侧太阳穴，会有一种清新感，沉浸其中并逐渐放松。

4. 在爱的鼓励中感受力量

播放家长录制的加油鼓劲视频，为学生打气。

【活动总结】

教师：高考的成功与否可能有偶然，但更多的是必然。高考，就是考验平时一点一滴的积累，考验平时的稳打稳扎，考验你的心态。现在你要做的，就是相信自己，全身心地投入当下的学习，不赋予它任何意义。

《做一个受欢迎的人》主题班会设计

——三（2）班主题班会活动设计

赖幼珍

【活动背景】

现在的学生多数是独生子女，由于家庭环境等原因，致使他们多以自我为中心，不懂得如何与人友好沟通和相处。本次活动旨在通过让学生回忆、体验、畅谈自己或别人受欢迎或不受欢迎的感受，从而调动他们的情感，增强他们让自己受欢迎的愿望，切实体会受人欢迎的原因，鼓励他们自觉、努力地做一个受人欢迎的人。

【班情分析】

三（2）班的学生是一群活泼、纯真的孩子。学生的日常行为比较松散，集体观念淡薄，成绩两极分化严重，同学之间的矛盾与不满也逐渐增多，相互埋怨与指责之声远远多于相互欣赏与赞美之声。通过这次主题班会，让学生发现不受欢迎的人的特质，评选班级最受欢迎的人并归纳受欢迎的人的特质，让学生通过自测发现自己需要完善的地方，激发他们追求成为受欢迎的人的欲望，在班级营造一个积极和谐的融洽气氛。

【活动目标】

（1）认识受欢迎的人的特质。

（2）反思不受欢迎的人的特质。

（3）通过活动使学生明白怎样的人受欢迎，体会同学间交往的基本态度，促使自己成为一个受欢迎的人。

【活动准备】

（1）制作一个多媒体课件。

（2）课前指导学生排练小品。

（3）每个学生准备一朵花。

（4）自测卡。

【活动过程】

（一）谈话导入，揭示活动主题

1. 导入

教师：同学们，最近小明同学遇到了一件烦恼的事，他在与同学交往时，出现了一些问题，他想不通是什么原因。我们来帮他分析一下好吗？为了能让大家清楚地了解这件事，下面请看小品《不受欢迎的小明》。

2. 观看小品

小明做完作业去找同学玩。

场景一：甲和乙在拍皮球，小明说："两个小不点，我和你们一起玩吧？"甲和乙气呼呼地转身不理他，小明无奈地走了。

场景二：丙和丁两人在下棋，正好掉了一颗棋子，丙请小明帮忙找棋子，小明头一仰："我才不帮你找呢！"这时丁找到了棋子，两人继续下棋。小明在旁边看了一会，忍不住说："能不能让我下一盘？"丙和丁异口同声地说："我们不和你玩！"小明只好走回教室。

场景三：A、B在玩游戏棒，"让我和你们一起玩吧？"小明一边说一边抢过了游戏棒，A、B说："我们不想和你玩，我们不欢迎你。"小明只好无精打采地回到座位上，自言自语："唉，怎么没有人愿意和我玩呢？"

3. 提问

教师：为什么小明找朋友玩，别人都不欢迎他？

学生分析小明的具体表现并总结：不礼貌、叫别人绰号、不尊重人、不爱帮助人等。

4. 揭示题目

教师：看他愁眉苦脸的样子，让我们来帮助他成为一个受欢迎的人好吗？揭题：做一个受欢迎的人。

（二）评选最受欢迎的人

教师：在我们身边有许多受欢迎的人，现在请大家评选出几位最受欢迎的人并把你手中的花献给你认为最受欢迎的同学。（伴随多媒体音乐）

1. 表彰

请收到5朵花以上的学生上台接受表彰，颁发表扬信。

2. 记者采访

学生：我是金隆小记者，听说你们班选出了最受欢迎的同学，我想来采访一下，请问你把花献给了谁？为什么献给他？

学生回答：善良、真诚、乐于助人、大方、有礼貌、守信用……

请最受欢迎的同学也来说说，别人把你选为班中最受欢迎的人，你有什么想法？

感谢大家接受我的采访，你们让我明白了什么样的人最受欢迎。

（三）头脑风暴

归纳受欢迎的人和不受欢迎的人的特质。

小组合作：讨论受欢迎的人和不受欢迎的人的特质，归纳总结后将"关键词"写在卡纸上，小组汇报。

受欢迎的人：乐于助人、大方、待人真诚、爱集体、有荣誉感、有责任心、有上进心、有礼貌……

不受欢迎的人：骄傲、小气、自私、行为习惯不好、没有责任心、不积极……

（四）你是否受人欢迎

自测说明：若该项内容自己做到了，就在后面的括号内打"√"，若没做到则打"×"。

1. 热心班集体活动，对工作负责。 （   ）

2. 别人有苦恼，我会同情他、安慰他。 （   ）

3. 能虚心学习别人的长处。 （   ）

4. 有了过失能勇于承认，及时修正。 （   ）

5. 能接受别人的意见。 （   ）

6. 别人取得成绩，我会为他高兴。 （   ）

7. 批评同学总是善意的。 （   ）

8. 不炫耀、不自命不凡。 （   ）

9. 学习努力，要求上进。 （   ）

10. 兴趣广泛，有特长。 （   ）

11. 能遵守纪律。 （   ）

12. 待人有礼貌，尊敬师长。 （   ）

13. 风趣幽默、机智果敢。 （   ）

14. 仪表整洁、爱护环境。 （ ）

15. 信守诺言。 （ ）

你以后该怎么做？（小组讨论）

（五）再现小品

小明始终在认真专心地倾听，这时他有所感悟，把手高高举起，主动说："老师，我已经知道自己该怎么做了，能不能再给我一次机会？"观看小品《受人欢迎的小明》。真好，小明在大家的帮助下，已经开始成为受欢迎的人了。

【活动总结】

教师：虽然我们现在做得还不完美，但只要我们从自身实际出发，根据自测题目中的项目，慢慢积累，不断改进，努力完善自身修养，一定会成为一个受欢迎的人。

💬 **活动反思** ◀◀ ─────────────────

通过这次主题班会活动，让孩子们了解：怎样的人是一个受欢迎的人。归纳总结受欢迎的人的特质和不受欢迎的人的特质，给孩子们指明了努力的方向，传递了正确的价值观和正能量，产生了非常积极的效果，促使他们积极培养优秀的品质，培养助人为乐的习惯，做一个受人欢迎的好孩子。

《海纳百川，有容乃大》主题班会设计

——营造和谐人际关系主题班会

罗柳青

【活动背景】

高一年级的学生正处于十五六岁血气方刚的年华，对于新形成的班集体，同学之间由于比较陌生，在日常交往中常常因为一些小事情而斤斤计较，发生摩擦，甚至拳脚相向。为了让学生们学会包容和体谅他人，我开展了本次主题班会，希望学生通过此次主题班会学会处理人际关系的方法，以真诚之心对待朋友，以正确的心态营造和谐的人际关系，创造美好人生。

【活动目标】

（1）重新认识整理自己的人际关系，学习建立人际关系的基本技巧。

（2）培养学生集体观念和大局意识，使学生学会理解和体谅他人。

（3）让学生以真诚之心对待朋友，主动礼让、和好，营造和谐的人际关系。

【活动对象】

高一年级学生。

【活动准备】

（1）课前分组搜集历史上"礼让他人"和"真挚友谊"的故事或诗句。

（2）课前请学生"写出你在日常人际交往中曾遇到过的烦恼的事情"。

【活动过程】

1. 泉州"礼让巷"的故事做导入

千里修书为一墙，让他三尺亦何妨。

长城万里今犹在，不见当年秦始皇。

教师：礼让巷，又称"六尺巷"，本不该有巷的地方，只因邻里之间仁义礼让、宽大为怀、和谐相处而出现了一条巷子。

我们同在一个班级，不就像邻里之间的关系吗？正所谓"低头不见抬头见"，那么我们应该怎样处理同学之间的关系呢？请看以下情景——

2. 情景分析

某天课间休息时间，小辉在走廊与同学一起踢毽子。这时，小军正从小辉身旁走过，小辉一不留神撞了小军一下，小军摔倒弄伤了手肘。随后，小辉和小军厮打了起来。

（1）请同学们说说上述案例中，小辉和小军发生矛盾的因素有哪些？

（2）请同学们为小辉和小军提供意见，分享一下你处理同学矛盾的好方法。

3. 讨论：人际冲突的处理方法及结果分析

让学生积极地表达自己的意见，并归纳如下表：

人际冲突的处理方法	处理结果分析
（1）冷处理法，谁也不找谁谈，一直僵持下去	a. 同学间的隔阂会越来越深
	b. 同学间感觉都不舒服，心情不舒畅，严重影响学习
（2）矛盾激化法	a. 同学间反目成仇，闹不团结
	b. 当事人在同学中的印象一落千丈
（3）谦让包容，主动与人和好法	a. 维护友谊，加深感情
	b. 相互理解，相互促进

4. 情景演绎

情景一：宿舍晚上十一点钟熄灯睡觉，可是连续几个晚上，已经十二点半了，室友还是闹哄哄的一片，几个同学在肆无忌惮的聊天，而你和另外几个同学则在床上翻来覆去睡不着，这时，你应该怎么办？

情景二：轮到我做值日班干，负责管理晚修自习的纪律，我很想尽心尽力地做好，但总有些同学不理解我的工作，故意违纪，在班里公开挑衅我，这时，我该怎么办呢？

分组讨论，让学生说出他们的看法，自我反思：如果我是情景中的主角，我该怎么办？如何才能建立和谐的人际关系呢？

5. 如何建立和谐的人际关系（学生讨论，教师归纳）

（1）选准时机，讲究效果。（缓和双方情绪，找准时机，"出击"说理、教育或和解）

（2）以礼相待，理解他人。（和风细雨，态度真诚，语言简洁，以柔制刚，寻求大家的理解）

（3）投其所好，有的放矢。（根据同学的性格特点和喜好对症"下药"）

6. 增进人际关系的有效方法

（1）真诚地关心别人——要爱你的朋友，就像爱你自己一样。

（2）诚心地赞美、善意地批评。

（3）多与人沟通，适时表示自己的意见——人际关系往往因没有沟通而产生很多误解。

（4）细心聆听他人的意见，表示有兴趣。

（5）培养幽默感——幽默感是化解人际关系紧张场面的"万灵丹"，也是人际关系的润滑油。

7. 游戏："友谊"诗句接龙

"海内存知己，天涯若比邻。""莫愁前路无知己，天下谁人不识君。"……

【活动总结】

教师：请同学们说说本次班会活动的收获和感受。

人与人之间，只有本着一颗善良、真诚的心来对待彼此，才能互相吸引、互相进步，和谐之舟才能到达美好的彼岸，驶进和谐的港湾，希望同学们在高中时光里，能找到你们自己的"知己良朋"，共创美好人生。

💬 **活动反思** ◀◀ ────────────────────

人际交往，是一个历练与成长的过程。本次活动以教师为主导，学生为主体，通过情景分析，让学生感受人际交往中矛盾冲突之所在。正所谓"当局者迷，旁观者清"，让学生以旁观者的身份为人际冲突出谋划策，提供意见。通过情景演绎，让学生体验和掌握，建立人际关系的技巧和方法，层层递进，从而学会处理同学之间的关系，营造和谐的人际关系，创造美好人生。

《扬起自信的风帆》主题班会设计

——高一（11）班主题活动方案

黎丽萍

【活动准备】

热身活动：以我手写我心，请学生写下自己对自信的理解和体会。（作文"我行吗？"）

【课题引入】

课前一周观看电影《叫我第一名》后，请学生说说对自信的理解。（演讲分享）

电影感慨：主人公患有先天性妥瑞氏症，导致他无法控制地扭动脖子和发出奇怪的声音，但他始终乐观积极地坚持着教师的梦想，默默地努力，最终成为一位出色的教师，同时也找到了属于自己的爱情。

【活动过程】

理解自信的内涵与重要性，掌握提升自信的方法与技巧。

导入：由两个学生谈电影观后感引出"我们的学习、生活甚至人生需要自信吗？"

（一）应该相信自己是生活的强者

1. 小品表演《应该相信自己是生活的强者！》

小品展现的是一个人对自信的认识过程。当遇到困难时，不要一味地去感慨，而是要自我认识、自我发现，让你的自信去战胜生活中的难题！由小品想到雨果的一句名言："应该相信自己是生活的强者！"自信是一种无坚不催的力量，当你坚信自己能成功时，你必能成功。

2. 学生思考

（1）分享：谈谈看完小品后的感受（加强内心真实感受）。

（2）你从小品中学到了什么？

（二）自信的力量

1. 名人案例《拿破仑的自信》

此环节可由学生课前在网络搜索有关自信的名人例子，在课堂分享。

故事概要：拿破仑被流放到一个小岛，逃出来后，法国国王派大军去捉拿他，拿破仑的随从劝他快跑。你猜拿破仑会怎么做呢？如果你是拿破仑，你怎么办呢？拿破仑说："跑什么？我是他们的元帅，他们是我的士兵，为什么要跑？"拿破仑迎着抓他的军队走过去，仍然以元帅的身份指挥他们，结果这支军队反而跟他回去抓国王了。

2. 学生思考

拿破仑本是要被士兵捉拿的人，结果这支军队反而跟他回去抓国王了。他究竟是怎么做到的？

3. 教师小结

在生活、学习甚至人生当中，如果我们有像拿破仑一样的自信，很多困难一定能迎刃而解，甚至转败为胜。这就是自信的力量。

（三）游戏活动：数拍子

（1）让学生先预想一分钟可以打多少拍。

（2）让学生打拍子数一下10秒钟能打多少拍。

（3）学生思考：10秒钟所拍数量远远超出一分钟所预想的数量。这是为什么？

（4）学生讨论，教师小结。

（四）寻找自信

请在一张卡纸上写上自己的姓名和最大的优点。

（五）优点轰炸

（1）把刚才的卡纸传到别的小组，每个学生在卡纸上写上该卡纸主人的优点。

（2）全班朗读出来，让学生们感受到自己的优点，感受到同学们的肯定。

（六）提升自信的方法

（1）如何提升自信？分组讨论并写在一张大纸上。

（2）讨论后，各组派代表上台展示具体可以怎么做来提升自信心。

①自信学习。如何建立学习上的自信心？

学生可以从提高自己擅长的或较容易提高的科目入手；以自己为起点，制订切合自己实际情况的学习目标；将学习目标分成若干具体的小目标来执行；付出真正的努力，以勤补拙，打好扎实的学习基础。相信大家不断努力，一定会实现我们的目标，那就是——考进理想的大学。

②自信人生。将来，我们可以怎样不断提升自信，活得精彩呢？

学生可以挑前面的位子坐；练习正视别人；抬头挺胸，加快步伐；练习当众发言；经常微笑；以勤补拙，增强自信；多做体育运动；多与人交流……

（七）制作书签

教师：如果我们将自信不小心遗忘了怎么办？请同学们用书签来提醒自己。

做书签：在书签上写上勉励自己的话。

教师：老师希望这张书签能给大家带来前进的动力，我希望这张书签能让大家时刻记住要做一个有自信的人，因为自信是获取成功的第一步！

【活动总结】

教师总结提升，引导学生自信学习、自信生活、自信人生。

教师：通过同学们参与体验学习和讨论交流，我们了解了自信的重要性，掌握了提升自信的方法和技巧，下面请大家在熟悉的歌声中，来表达我们积极乐观、自信自强的情感。

朗诵诗歌《为自己喝彩》。

歌唱《我相信》，鼓励学生积极乐观、自信自强。

在歌声中结束课程。

《学会欣赏，和谐你我》主题班会设计

陈金华

【活动背景】

人在社会生活中，举凡个人的一切活动、思想及情感等，都会不同程度地因别人的存在或受别人行为的影响而产生改变，而个人的一切行为、思想及情感等也会影响到别人，使其行为产生变化。初中生正处于青少年阶段，这一阶段最明显的转变之一就是同伴的影响大增。青少年能否与同伴建立密切的关系，对促进其社会功能发展极为重要。他们对友谊需求迫切，但又往往在与人沟通交流方面存在障碍，缺少经验，需要教师进行一些有针对性的交往辅导。本次辅导拟在引导学生体验欣赏与赞美他人给别人和自己带来的愉悦心情，感受真诚的赞美对改善人际氛围、营造良好人际环境的作用，从而培养学生善于欣赏、乐于赞美别人的品质。

【活动目标】

（1）懂得欣赏他人的美好特性是一种积极的人生态度，懂得欣赏与赞美在人际交往中的积极作用。

（2）培养善于欣赏、善于发现别人的优点和长处的审美心态和能力，掌握人际交往的技巧和艺术。

（3）通过真诚的欣赏和赞美，主动营造一个心情愉快和积极向上的人际氛围，形成人际关系的良性循环。

【活动用具】

多媒体、PPT课件。

【活动方法】

情境创设、讨论法。

【活动过程】

1. 热身

（约2分钟）用头在空中写数字；用双臂在空中写数字；与好友击掌或拥抱。

2. 小游戏

（约4分钟）全体学生站起来，每组围成一个圆圈，每人左手摊开，右手食指放在右边的同学的左手虎口处，事先约定听到"4"后，右手要逃，左手要抓。（教师和学生们一起喊1、2、3、4）

教师引导语：刚刚我们在游戏中左手要抓，右手要逃，扮演的是抓与逃的角色。事实上在生活中，我们也扮演着很多角色，比如，我现在在这里是你们的老师，在家里则必须扮演母亲、妻子、女儿、儿媳等角色，这么多角色总有冲突，总有矛盾，有时左右为难。再比如你们，在家里是爸爸妈妈的掌上明珠，在学校里是可爱而又调皮的学生，你们也有很多矛盾，我们经常碰到像刚才游戏中出现的情况：左右为难。（PPT展示）

（PPT展示）所以，古希腊哲学家亚里士多德说过，一个生活在社会之外的人，同人不发生关系的，不是动物就是神。

教师：很遗憾，我们既不是神也不是动物，只是有思想、有血肉的人，是一个个有许多矛盾的人。

学生讨论后发言（约3分钟）：人们生活在社会中就注定要和他人打交道，你觉得在和父母、同学、朋友打交道的时候要注意些什么呢？又有哪些困惑呢？

学生1：我觉得我的父母不了解我。

学生2：我不知道对方怎样看我。

学生3：在和同学交往中，不要说那些让同学生气的话。

学生4：同学之间要讲究诚信。

学生5：同学之间要和谐相处。

3. 实例分析

（约4分钟，PPT展示《阿麻的苦恼》）

我和我家的狗关系很好，我很喜欢它，它也很喜欢我，我的"狗缘"不错！可是我的"人缘"却……同学们在打篮球，我想加入，可他们却异口同声地说："NO！"

上课分组讨论时，总剩下我孤零零的一个，和谁讨论呢？

我没有恶习，功课还不错，至于长相嘛，虽然不帅，但那又不是我的错，我恨啦！！！这是为什么？

请你帮他分析分析：问题出在哪儿？

学生1：他可能很少主动与同学交往。

学生2：他不会与人打交道。

学生3：他肯定说了让同学们生气的话。

也许是（PPT展示）：

镜头一：值日生忘记擦黑板，班里一个学习成绩不太好的同学主动把黑板擦完，同学们议论纷纷，阿麻说："他只配擦黑板。"

镜头二：周同学考试成绩有点退步，阿麻很想帮助他，说："你看你平时得意的样子，骄傲了吧，叫你跟我学着点。"

镜头三：麦同学在运动会上获得名次，阿麻说："有什么了不起的。"

学生1：他自大了点。

学生2：他太小看人了。

学生3：他不懂得尊重别人。

（PPT展示）黄金法则：你希望别人怎样对待你，你就应该首先这样对待别人，相互信任、主动交往，这是我们人际沟通永远不变的终身受用的黄金法则和沟通技巧。

"你们愿意别人怎样待你们，你们也要怎样待别人。"（《圣经》）

4. 故事分享

（PPT展示，约3分钟）

故事一

春日一个暖洋洋的中午，丽莎和爸爸在公园散步，这时，丽莎看见一个老太太很不合时宜地裹着大衣，围着围巾。丽莎轻轻地拽了一下爸爸说："爸爸，你看那个老太太的样子多可笑呀。"可爸爸笑了笑说："那位老太太穿得很厚，也许是因为她大病初愈，身体还不太舒服。你看她那么专注地看着树上的丁香花，这说明她热爱春天，热爱大自然，你不认为这让人感动吗？"说完，爸爸领着丽莎走到那位老太太面前，微笑着说："老太太，您欣赏春天时的神情真的令人感动，您使春天变得更美好了！"那位老太太听后激动地说："谢谢您，先生。"说着，从包里取出一小袋饼干递给丽莎，说："可爱的小姑娘，这个给你……"

故事二

1852年秋天，屠格涅夫在打猎时无意间捡到一本皱巴巴的《现代人》杂志。他随手翻了几页，竟被一篇题为《童年》的小说所吸引。作者是一个初出茅庐的无名小辈，但屠格涅夫却十分欣赏这篇小说，钟爱有加。屠格涅夫四处打听作者的住处，最后得知作者是由姑母一手抚养长大的。屠格涅夫找到了作者的姑母，表达了他对作者的欣赏与肯定。姑母很快写信告诉自己的侄儿："你的第一篇小说在瓦列里扬引起了很大的轰动，大名鼎鼎的写《猎人笔记》的作家屠格涅夫逢人便称赞你。他说：'这位青年人如果能继续写下去，他的前途一定不可限量！'"作者收到姑母的信后惊喜若狂，他本是因为生活的苦闷而信笔涂鸦以打发心中的寂寥，但屠格涅夫的欣赏一下子点燃了他心中的火焰，让他找回了自信和人生的价值，于是他一发不可收拾地写了下去，最终成为具有世界声誉的艺术家和思想家。他就是列夫·托尔斯泰。

故事三

台湾作家林清玄当年做记者时曾经报道了一个手法非常细腻的小偷作案被捉到的事件。他在文章的最后情不自禁地感叹："像心思如此细密、手法那么灵巧、风格这样独特的小偷，又是那么斯文有气质，如果不做小偷，做任何一行都会有成就的吧！"没想到多年前无心写下的这句话却影响了一个青年的一生。如今当年的小偷已经是台湾多家烧烤店的老板了，在一次邂逅中，这位老板诚挚地对林清玄说："林先生写的那篇特稿，打破了我生活的盲点，从此，我脱胎换骨，重新做人。"

学生讨论后发言：从这三个故事中你得到了什么启示？

学生1：说者无意，听者有心，可能你不经意的一句话会鼓励或者伤害一个人。

学生2：不要用看不起的眼光对待别人。

学生3：别人的称赞有时会影响你的一生。

（PPT展示）学生齐读：欣赏与赞美就如一缕春风，染绿荒芜的山坡；欣赏与赞美也如一丝阳光，照亮黑暗的角落；欣赏与赞美更是一汪甘泉，浇灌枯竭的希望。

教师引导语：社会生活中，欣赏与被欣赏是一种互动的力量之源，欣赏者必具有愉悦之心，仁爱之怀，成人之美之善念；被欣赏者必产生自尊之心，奋进之力，向上之志。因此，学会欣赏应该是一种做人的美德，是我们人际交往中必须遵循的规则之一。

5. 活动

（"猜猜他/她是谁"，约10分钟）

（1）每组任意挑选班内某一同学，并详细写下他/她的最少3个优点。

（2）让小组代表讲出所写的某个同学的优点，但不讲出对方的姓名。

（3）全班学生共同猜想所描述的优点属于哪个同学。

（4）让被猜中的学生谈谈感受。

教学实录：

学生1：高尚大方、幽默、有爱心。

同学猜：邓××？郑××？揭示：哇，猜错了，是钟××。

钟××谈被赞美的感受：非常好，美滋滋的。

学生2：体育好，为人和善、乐于助人。

同学猜：郑××？（猜中了）

郑××谈被赞美的感受：很开心，很温暖，没想到我在同学心目中有这么高大。

学生3：助人为乐、成绩优秀、做事认真。

同学猜：徐××？麦××？揭示：麦××。

麦××谈被赞美的感受：我以后要做得更优秀，还要更多地帮助大家。

学生4：助人为乐、成绩优秀、待人友善。

同学猜：麦××？（猜中了）

麦××谈被赞美的感受：实在是太开心了，感觉自己帅呆了。

学生5：能包容同学的过错，像大姐姐一样爱护我们。

同学猜：麦××？（猜中了）

麦××谈被赞美的感受：觉得很温暖。

6. 真情流露（PPT展示，约10分钟）：与同学相互欣赏

（1）用笔写下你对同学的赞美。

（2）用"我欣赏你，因为你……"的句式说话。

教学实录：

学生1：我欣赏唐××，因为他与朋友玩得很好。

学生2：我欣赏郑××，因为他身材高大，可以保护我。

学生3：我欣赏麦××，因为她在我们遇到困难的时候想方设法地帮助我们。

学生4：我欣赏麦××，因为在同学生病时，她悉心地照顾我们。

学生5：我欣赏麦××，因为他有渊博的知识，待人友善。

学生6：我欣赏陈××，因为她成绩好，为人和善。

教师小结：看来在男同学中，麦××是大家的偶像，在女生中，麦××是大家心目中的女神，这两位同学可要记住你的同窗好友给你的评价哟。心理学中有一句话，"高帽子不值钱，多给别人戴几顶没关系"，所以希望同学们多给别人戴一些高帽子，自己开心，别人开心。

（3）伸出你的双手，真心实意地赞美对方。

你真的很不错，头脑很不错，脸蛋很不错，身材很不错，上上下下，左左右右，里里外外，通通都不错，你真的真的很不错！

PPT展示结束语："欣赏他人，快乐自己。"

活动反思

（1）从整个效果来看，辅导过程设计比较合理，整个辅导过程比较顺畅，学生参与的热情比较高，可见学生对心理辅导课的渴望。

（2）因为执教该班的语文，对学生比较熟悉，在辅导过程中直呼其名了，特别是对刘××同学，他平时表现比较"自负"一点，有一种"谁都看不上"的派头，所以单独点了他的名，这本不符合心理辅导的原则，如果做专业的团体辅导，肯定要避免这种情况发生，但在学校心理辅导中没办法避免。

（3）因为是随堂上课，没有刻意修饰，所以会出现一些平时上课时出现的小动作，说话也比较随意，没有刻意地想哪些话如果参赛合不合适说。平时上课不用麦，因为是心理辅导课，学生的表现会活跃点，怕吵闹听不清，所以麦的声音调得比较大，感觉好像有杂音。

（4）PPT做得不够精美，不够有"活力"，不能充分刺激学生的兴奋点。在录像的过程中，PPT不是很清晰。

（5）在前面的热身环节中，如果加一些轻松舒缓的音乐，效果可能会更好。

《朋友·友谊》主题班会设计

梁伟芬

【活动背景】

高一，学生到了一个新的学校，开始了一段新的学习里程，但由于来自不同的乡镇，学生彼此之间并不熟悉，加上城乡差异的特征，以及大部分学生在初中阶段是没有住校的，因此舍友的相处、同学的交往方面会产生不少的困惑，甚至会影响到正常的学习与生活。

【活动目标】

（1）通过班会课加深对朋友和友谊的理解，明确建立友情的重要性，感悟友谊的美好。

（2）通过班会课增加学生间的了解，增进友谊，营造班集体良好的交往氛围。

（3）通过班会课感悟到友谊的美好，学习一些交往的技巧，增强人际交往的能力，减少交友过程中产生的疑虑与不安。

【活动准备】

课前准备一张大的白板纸，油性笔，制作相关的PPT、歌曲。

【活动过程】

1. 创设情境，营造氛围

（1）上课前1分钟开始播放歌曲《朋友》（周华健）。

（2）导入语："朋友一生一起走，那些日子不再有，一句话一辈子……"多么好的歌词，多么动听的歌词，我们都希望有这样的朋友可以陪我们一辈子，但有时候因为求学、工作或家庭等原因，我们离开了熟悉的朋友，到了一个新的环境，要去认识新的朋友，建立一份新的友谊，就像现在的我们一样。来到东涌中学，缘分让我们成了新的高一（7）班，我们将要一起学习和生活三年，我们将同风雨、共欢乐。为了建立起美好而纯洁的友谊，我们该怎么做呢？

2. 活动一：讨论，明"朋友"特质

讨论：分小组讨论，说说你心里面的朋友是怎么样的？他/她们身上的哪些特点是你喜欢跟他/她交往的理由？

小组代表发言：朋友特质。

学生代表（字体书写比较好的一个学生）把小组列举的朋友特质写在白板纸上。

3. 活动二：小游戏——谁是卧底

目的：互相信任——是成为好朋友的前提，由教师随机抽4个学生，然后请被抽中的学生和他/她心目中的好朋友上台玩游戏。

游戏规则：

（1）游戏人数：7个游戏者，其中2个是卧底，若干不明所以的围观者。

（2）游戏规则：在场7个人中5个人拿到相同的一个词语，剩下的1人拿到与之相关的另一个词语，还有一个人是白纸。每人每轮只能说一句话描述自己拿到的词语（不能直接说出该词语和太过于接近该词语的话），不能让卧底发现，但同时要给同胞以暗示。每轮描述完毕，投票选出怀疑是卧底的那个人，得票最多的人出局，若有两人票数相同则待定（即保留）。若有卧底留到剩下最后三人，则卧底获胜，反之，则大部队获胜。

4. 活动三：真诚相待，赢得友情

教师：从刚才的游戏中，我们知道互相信任是成为朋友以及好朋友的重要前提和条件。除信任外，要想成为朋友其实还有不少条件，比如刚才大家在白纸板上写的内容。下面我们来看一个故事：

一个普通男孩的友谊故事

那是发生在越南的一个孤儿院里的故事。由于飞机的狂轰滥炸，一颗炸弹被扔进了孤儿院，几个孩子和一位工作人员被炸死了，还有几个孩子受了伤，其中一个小女孩流了许多血，伤得很重！

幸运的是，不久后一个医疗小组来到了这里，小组只有两个人，一个女医生，一个女护士。

女医生很快进行了急救，但在看到小女孩的伤后犯了难，因为小女孩流了很多血，需要输血，但是她们带来的不多的医疗用品中没有可供使用的血浆。于是，女医生决定就地取材，她给在场的所有人验了血，终于发现有几个孩子的血型和这个小女孩是一样的。可是，问题又出现了，因为女医生和护士都只会说一点点的越南语和英语，而在场的孤儿院的工作人员和孩子们只听得懂越南语。

于是，女医生尽量用自己会的越南语加上一大堆的手势告诉那几个孩子："你们的朋友伤得很重，她需要血，需要你们给她输血！"终于，孩子们点了点头表示听懂了，但眼里却藏着一丝恐惧。

孩子们没有吭声，也没有谁举手表示自己愿意献血。女医生没有料到会是这样的结局，一下子愣住了，为什么他们不肯献血来救自己的朋友呢？难道刚才对他们说的话他们没有听懂吗？

忽然，一只小手慢慢地举了起来，但是刚刚举到一半又放下了，过了好一会儿才又举了起来。

女医生很高兴，马上把那个小男孩带到临时手术室，让他躺在床上。小男孩僵直地躺在床上，看着针管慢慢地插入自己细小的胳膊，看着自己的血一点点地被抽走，眼泪不知不觉就流了下来。女医生紧张地问是不是针管弄疼了他，他摇了摇头，但是眼泪还是没有止住。女医生有点慌了，因为她总觉得有什么地方肯定弄错了，但是到底是哪里弄错了呢？针管是不可能弄伤这个孩子的呀！

关键时候，一个越南护士赶到了孤儿院。女医生把情况告诉了越南护士。越南护士忙低下身子，和床上的孩子交谈了一下，不久后，孩子竟然破涕为笑。

原来，那些孩子都误解了女医生的话，以为她要抽光一个人的血去救那个小女孩。一想到不久以后就要死了，小男孩便哭了出来！女医生终于明白为什么刚才没有人自愿出来献血了！但是她又有一件事不明白，"既然以为献过血之后就要死了，为什么他还自愿出来献血呢？"医生问越南护士。

于是越南护士用越南语问了一下小男孩，小男孩回答得很快也很简单，只有几个字，但却感动了在场所有的人。

他说："因为她是我最好的朋友！"

分组讨论：对故事中的男孩怎么看？

学生代表发言：他勇敢、坚强、有担当，懂得奉献，他用自己的生命去保护自己的朋友，他把友谊看得比生命还要重要，这是真正的男子汉！友谊万岁！

教师引导：虽然大家会觉得遇到战争这样的机会在和平年代几乎是不可能的，以死相待也更不可能。可在日常生活中，当我们和朋友、同学相处时很可能产生矛盾，造成困扰。但请记住和坚信：朋友相处时的伤害往往是无心的，帮助却是真心的；忘记那些无心的伤害，铭记那些对你有过帮助的人，你会发现这世上你有很多真心的朋友。

假如遇到下面的情形，我们怎么做才能把彼此间产生的误解、矛盾等问题化解，增进友情呢？

5. 活动四：情景再现

将最近学生们在学校、宿舍等和同学交往中产生的一些问题展示出来：将心比心，换位得友谊。

情景1：甲同学在发新书的时候，把一本破书发给了乙同学，而乙同学执意不肯要……

情景2：丙同学做作业时碰到了问题，想问旁边的丁同学，而丁同学觉得自己也在赶作业，而且有点私心，希望自己能在考试中取得好成绩，所以不想理睬丙同学……

情景3：闹铃响了，大家都赶紧起床洗漱，准备去上课了，却把一位还在呼呼睡的同学给忘了，最后那个同学被严重批评，整个宿舍的同学也被班主任批评了，回到宿舍……

情景4：宿舍里的两位同学因为谁先进洗澡房发生口角，因其中一个同学洗澡时间比较长，而热水供应时间有限，曾导致对方没有热水洗澡……

教师引导大家换位思考，懂得：道歉与原谅、无私与理解、真诚与团结、主动与感恩等等。尽量结合学生在白板纸上写的朋友的特质来引导，提升。

6. 班会小结

美国心理学家卡耐基认为：一个人的成功30%靠才能，70%靠人际关系。可见人际交往在我们的成长中是多么的重要。但在现实交往中，可能会遇到不少的困惑，请大家坦诚相见，不怕忠言逆耳，多包容体谅，相信这样大家可以成为好兄弟、好姐妹，每个人都能找到自己最好的朋友。友谊是我们一辈子最大的财富。

结束：分享歌曲《交换日记》（薛凯琪）。

7. 课后延伸

收集赞美友谊的歌曲、诗歌、美文，就如何与朋友交往的方法与技巧，出

1～2期的专题黑板报。

【板书设计】

朋友·友谊

一、朋友物质

二、真诚相待，赢得友情

💬 **活动反思** «————————————————————

　　这次的主题班会课，让我明白了选题的重要性。选取的主题及素材一定要和学生的年龄特点、生活实际密切相连，否则目标难以达成。

　　今天这节班会课，我觉得选择不足的地方是"一个普通男孩的友谊故事"。本想让学生通过这个故事感悟朋友相交可以真诚到以死相换，可不少学生却觉得这有点可笑，太夸张了，不真实，还有学生觉得这个男孩一定是太喜欢那个女孩子了。

　　后面的情景再现反倒给学生很深的印象，让他们意识到了同学间的交往需要相互信任，多包容，多互助。生活中的小事情是可以"大事化小，小事化无"的，同学间相处，产生摩擦是必然的，只要用心，所有的问题都可以有效地解决，同学间的友情可以加深，也可以帮助我们共同进步，更好地成长。

　　总的来说，本次班会基本能够达到预设的教育目标，使学生对朋友和友情有进一步的认识，知道真正的朋友是什么样的，从中也学到一些与人交往的技巧。但在各环节的时间分配和过渡、衔接、教师的引导等方面仍需改进，我将在以后的教育实践中努力改进。

《交友之道》主题班会设计

——建立良好的人际关系

张培君

【活动背景】

美国著名的心理学家卡耐基认为，未来社会的成功源于30％的才能加70％的人际协调能力。进入中学阶段的高中生，正值身心飞速发展的阶段，精力充沛、热情奔放，尤其喜欢人际交往，重视伙伴关系，看重朋友和集体对自己的评价。通过交往，可以获取纯洁的友谊；通过交往，能够提高自己的理解能力、观察力，扩大自己的知识面，培养自己的高尚情操；通过交往，还可以消除不安全感、孤独感，使紧张的心理得到调节，得到安慰，使紧张的情绪得到缓冲和稳定。另外，由于高中生还不够成熟，知识、经验还不丰富，存在着认识的肤浅性、情感的冲动性、意志的脆弱性和行动的盲目性等弱点，在人与人的交往上容易出现偏差。因此，良好的人际关系是中学生心理健康的标志，是心理满足、心理平衡、心情舒畅的需要，这也是良好的中学生生活的基础。

【班情分析】

高一（2）班总共32人，22位女生和10位男生，分别来自不同的村镇，经过了一个学期的磨合，同学之间消除了陌生感，相处较为融洽。但随之也出现了一些不愉快的现象，例如，某一学生因成绩比较落后，好动、爱讲话，同学们都不愿意与她同桌，对她造成了心理上的伤害。再比如，某一天纪律委员管理班级晚修纪律，有两三位学生抱团讲话，不听从管理，把纪律委员气得差点动手打人。正是这些不和谐的事件让我反思，班级表面和谐下是不是暗涌流动，在人际交往上需要给予学生相关的指导。

【活动目标】

2014年教育部研制印发《关于全面深化课程改革落实立德树人根本任务的

意见》，提出"各学段学生发展核心素养体系，明确学生应具备的适应终身发展和社会发展需要的必备品格和关键能力"。班会课是班主任进行德育教育的主阵地，也是班主任培养学生核心素养的好时机。因此本次班会课通过一系列的活动与体验，旨在提高学生的核心素养，主要有以下几点：

（1）加深学生的人文底蕴。通过分享学生事前搜集的相关名人人际交往的事例，促进学生发展成为有宽厚文化基础、有更高精神追求的人。

（2）认识和发现他人的闪光点，有效应对复杂多变的环境，成就出彩人生。

（3）培养学生成为一名善良、宽厚的人：自尊自律，文明礼貌，诚信友善，宽和待人。

【活动准备】

学生准备：搜集一些名人的资料，准备小型情景剧，学唱歌曲。

教师准备：制作课件，准备品质表、歌曲等。

【活动过程】

（环节一）导入

1. 教师活动

以班级合照打开学生的心扉，引导学生分享高一以来和同学相处地开心的点点滴滴。

2. 学生活动

彼此分享交往过程中开心的、贴心的时刻，例如：

（1）当遇到不懂的题目时有人愿意帮你讲解，教学相长。

（2）不舒服时的一杯热水。

（3）一起结伴吃饭、打球等。

设计意图：通过学生们开心的分享，将班会课带入一个暖心的氛围。

（环节二）与名人做朋友

1. 教师活动

课前设置问题：如果你可以跟一个名人做朋友，你会选择谁呢？为什么？

由此总结：一个人的才能、品质、外貌、性格等都会成为吸引别人的因素。

2. 学生活动

学生分享自己的想法：

（1）科比，因为他打篮球很厉害，很想跟他做朋友。

（2）TFBOYS，因为他们长得好看，而且很阳光，很正面，很善良。

设计意图：通过分享初步感知到朋友间相互吸引的品质。

（环节三）你喜欢的朋友

1. 教师活动

教师展示朋友品质表，请写出你挑选朋友时最看重的5个品质，按照顺序进行挑选。

高度喜欢的品质	中性品质	高度厌恶的品质
真诚、诚实、理解、忠诚、真实、可信、聪慧、可依赖、有头脑、体贴、可靠、热情、善良、友好、快乐、不自私、幽默、负责、开朗、信任别人	固执、刻板、大胆、谨慎、追求完美、易激动、文静、好冲动、好斗、腼腆、不明朗、易动情、羞涩、天真、好动、空想、追求物欲、反叛、孤独、依赖别人	古怪、不友好、敌意、饶舌、自私、狭隘、粗鲁、自负、贪婪、不真诚、不善良、不可信、恶毒、令人讨厌、不真实、不诚实、冷酷、虚伪、邪恶、说谎

教师总结：我们选择朋友时是不会以成绩做首选的，因为成绩不代表人品，所以张开你们的怀抱，虚心接受每一个可爱的同学成为彼此的朋友吧。

2. 学生活动

学生根据个人要求认真考虑挑选朋友的品质：

（1）高度喜欢的品质：真诚、可信、开朗等。

（2）中性品质：文静、天真等。

（3）高度厌恶的品质：狭隘、虚伪等。

设计意图：通过对各项品质的选择，让学生深入地思考应选择怎样的人做朋友，同时也反思自己想成为一个怎样的人。

（环节四）情景在现

1. 教师活动

（1）挑选朋友时我们看重好的品质，也会厌恶一些品质。当这些情况出现在我们身边时，你能够理智地分析吗？

（2）小组讨论：如果你是纪律委员，有同学不听从管理时你会怎么做？如果你是那几个不听从管理的学生中的一员，你会怎么做？

（3）总结：人与人的交往，需要相互理解、相互尊重。

2. 学生活动

（1）情景在现：纪律委员在管理纪律，有三个女同学一直在聊天，无视管理。这时，纪律委员朝三位女同学伸出手，差点打下去……

（2）同学们进行热烈的讨论，并分享自己的讨论结果。

设计意图：通过情景再现，让学生明白在平时的日常交往中，应多一些理解，多一丝尊重。

（环节五）总结

1.教师活动

教师总结：人与人偶然的相逢，必然的交往，带着一颗真诚的心、包容的心足矣。

2.学生活动

全班合唱周华健的《朋友》。

设计意图：通过歌曲合唱，把全班同学的心团结在一起，与开篇的合照相呼应。

💬 活动反思 《

此次主题班会课同学们积极参与，开展得十分顺利，达到了预期的效果。现总结如下：

（1）此次班会课根据本班情况开展，能及时发现问题、解决问题，针对性强，效果显著。

（2）此次主题班会课分为5个环节，环环相扣，前后呼应。

（3）此次主题班会课不同于传统的班会课，不再是班主任的独角戏，而是以学生为主体，融入了讨论、思考、情景剧等，体现了当今培养学生核心素养的需求。

（4）此次主题班会课的开展过程中，全体同学积极参与，并把自己的亲身经历与体验与同学共享。学生交流的角度不一，通过设身处地的现身说法，认识到了过去在人际交往中的误区与矛盾，并且指明了今后的方向。

（5）总结延伸。主题班会只是一节课，在课后需要教师再跟进学生是否能真的落实到日常中，这样才体现出德育教育的功能。

通过这次班会，学生对人际交往有了更深层次的认识，得到了良好的心理体验。

《我们》主题班会设计

——理解·同学爱·沟通

张玉梅

【活动背景】

一年的高中生活，我们一起学习、一起生活、一起成长。慢慢地，我们有了同学情、同学爱。我们珍惜相聚的缘分，可我们总会把负能量或者恶言恶语、坏脾气统统随意地撒在同学身上。其实，我们都想好好地与同学相处。那如何才能愉悦的相处呢？我们需要沟通。那怎样的沟通才是快乐的呢？

【活动目标】

（1）让学生通过一系列的活动来感受同学爱。

（2）让学生有所感悟，明白沟通的重要性。

（3）让学生懂得沟通，懂得用愉悦的方式感恩同学爱。

【活动形式】

以小活动等体验形式来感悟主题。

【活动准备】

（1）本活动需要较为宽敞的活动室。

（2）根据班级人数准备相应的A4纸，每人2张，另每人准备一把小剪刀。

（3）学生准备小品《大PROJECT》。

（4）提前布置学生写周记。

【活动过程】

导入——观看视频：我们&280天

教师：同学们，在班会课开始之前，我先问一个很简单的问题。"我们"，是一个多么平常的词语，比如，在高一（8）班这个集体里，"我们"指的是什么？

学生：……

教师：说得很好，"我们"指的就是在座的这41名学生。在高一的这一年，每天与你朝夕相处的就是班里其他40名同学，你们见面的时间恐怕比见自己父母的时间还要长，因此，怎么处理好与其他同学之间的关系，怎么处理好"我们"的关系，是个值得思考的问题。孔子有句名言："己所不欲，勿施于人。"还有个成语叫作"推己及人"，这说的就是"理解"，古人用很精辟的语句告诉我们，只有理解，才能产生深厚的同学情谊。那怎么样才能做到理解呢？每一位同学都是个性迥异的个体，这就要求我们做到互相沟通，在彼此心灵之间搭建一座桥梁。所以，我们这一次班会的主题，就是"理解——同学爱——沟通"。

教师：同学们，你们有没有算过，从去年军训到今天，你和班里的其他同学认识了多少天。

学生：……

教师：其实不知不觉之间，我们已经因为缘分走到一起280天了。280天，足够我们建立起延续一生的友谊了。多年之后，我们肯定还可以清楚地想起班里的一张张灿烂的笑脸和那一幕幕温馨与感动。

【活动步骤】

观看视频，引导学生理解"我们"的"同学爱"。

1. 感受"我们"——导入：观看小品《大PROJECT》

（1）转折：有时候，我们不经意间的一句话、一个表情就会牵动同学的情绪，或开心，或温暖，或生气，或郁闷……其实，我们在一起也将近一年的时间了，我们慢慢地形成了一个整体，我们有了同学爱，但我们偶尔也会有摩擦。

（2）活动步骤：观看小品——学生分享感受。

设计意图：观看小品，让学生从熟知的场景中感受同学间缺乏良好沟通所导致的矛盾，渲染活动气氛。

2. 沟通"我们"——活动：剪出精彩

（1）活动导入：每天与同学的相处好像时时刻刻呼吸着的空气一样，不可或缺。在日常生活当中，我们应该怎么跟同学相处才更为融洽呢？下面让我们共同来完成接下来的剪纸游戏。

（2）活动步骤：第一部分：请学生拿起一张纸，跟着教师的指示操作。要求不能向教师提出疑问，不能和别人交流，按照教师的指示独立完成。

结果：在同一指示下，大家剪出来的图形各式各样。

第二部分：请学生拿起另一张纸，跟着教师的指示操作，在产生疑问的时候可以向老师提出疑问，也可以和别人交流。

（重复第一部分中的教师指示步骤）

结果：在能够沟通和交流的情况下，大部分学生剪出的图形是一样的。

（3）活动分享：学生分享。

（4）活动总结：虽然指示是相同的，但是第一次剪纸的时候，老师要求不能和别人交流，是单向的交流。第二次剪纸时，我们可以和老师、同学交流，是双向甚至是多向的交流，能真正领会对方的意思。在日常与同学的交流过程中，可能会出现不能理解对方或者不能被对方理解的情况，也就是我们常说的误会。在产生误会的时候，我们要主动地沟通，主动地理解。

设计意图：让学生在活动中明白，与同学的交流过程需要双向的沟通，互相理解对方。

3. 理解"我们"——活动：人生百味

（1）活动导入：其实，我们都知道与同学交流需要很好地沟通，才能理解对方的意思。而现实生活中，我们偶尔也会"直接地"、急躁地把我们的话脱口而出，其结果可想而知。这时，我们需要沟通。那么，怎样的沟通才是适合的呢？我们一起来感受一下。

（2）活动步骤：①将学生分成偶数组，要求每组人数相同；②小组成员手牵手围成圈，然后两组组合，一组在内圈，面朝外圈；另一组在外圈，面朝内圈；③检查，确保每个同学面对面；④活动要求：教师每喊一声"转"，学生转动一个人的位置。要求里圈学生向左转，外圈学生向右转，同时做出一个表情，每换一个位置，更换一次表情（表情分两种：A充满善意的微笑；B发怒，发出"哼"的一声并把脸转向右边，不看对面同学的脸）。

（3）活动分享：学生分享。

（4）活动总结：为什么我们的表达方式是这样的？我们对同学怒目而视的时候，同学的感受是怎样的呢？我们微笑的时候，一切都是美好的。

设计意图：让学生在活动中理解沟通的方式有很多种，应该学会微笑，用适当的方式表达自己的想法。

4. 分享"我们"。

活动一：分享"同学爱"周记，让学生分享与同学日常相处中的小故事。

活动二：（8）班印象。

5. 保鲜"我们"——活动：开心人生作业

活动要求：在儿童节送出一张卡片，以感恩朋友的关怀或弥补友谊的缝隙。

对曾经帮助过你的同学表示感谢。

对曾经伤害过你的同学表示宽容。

对曾经被你伤害过的同学SaySorry。

活动步骤：①让学生在卡片上写好想表达的话语，用时3分钟；②让全体学生站成两排，面对面，把卡片交到相应的同学手中并拥抱；③面对面郑重地说一声"感谢"。

💬 活动反思 《

本次班会课的主题是"理解·同学爱·沟通"，目的是让学生了解相互之间进行沟通的重要性，从而增进友谊，更好地相处。

其中，"理解"是前提。子曰："己所不欲，勿施于人。"还有个成语叫作"推己及人"，这说的其实就是"理解"，古人用很精辟的语句告诉我们，只有理解，才能产生深厚的同学情谊。这就引出本次活动的感性部分"同学情"。因为缘分，同学们走到了一起，在这一年的时间里，大家朝夕相处，有不少的温馨感动，也难免磕磕碰碰，而现在，马上就要面临分班，因此，之前无论遇到过什么矛盾，大家都应该积极地去解决，让这份友谊继续保鲜。怎样保鲜呢？这就是理性部分"沟通"。每一位学生都是个性迥异的个体，这就要求我们做到互相沟通，在彼此的心灵之间搭建一座桥梁。

本次班会课的总体设计思路为"五步曲"：缺乏沟通闹出矛盾——我们需要沟通——用怎样的方式沟通——表达同学爱的方式可以很简单——对身边的朋友表示感恩。围绕着主题，每一步我都设计了一个小活动来使学生们加深理解。但是，设计上仍有所不足，其中"人生百味"的活动只是教导了学生之间应该以"微笑"的方式进行沟通，而缺乏对学生进行具体有效的沟通技巧的指导，因此内容还有待进一步深化。

《良好的同伴关系的重要性》主题班会设计

林　茵

【活动背景】

高中的学习与生活最令人回忆和回味。高中阶段建立良好的人际关系对学生的学习和生活有很大的帮助。同性与同性的相处、同性与异性的相处有一定的讲究，处理好起积极作用；反之则起消极作用。

【班情分析】

本班是一个理科班，男生所占比例比女生大。理科班的男生好动、好说。女生中有好动、豪爽者，但也有一部分比较内向，平时不喜欢主动与同学或老师说话，不敢问老师或同学问题，完全活在自己的世界里，这对学习有颇大的影响。班中也有一些同学出现早恋问题，在班中造成很大的影响。

【活动准备】

（1）小品编排和排练。

（2）找心理测试题。

（3）收集相关相片。

【活动过程】

（一）引入

（1）学生表演小品：《我和他》《我和她》。

（2）提问学生小品反映了什么问题？

总结：同性之间和异性之间的相处问题。

（二）剖析人际关系

1. 引用卡耐基的话

美国著名的心理学家卡耐基说过，一个人的成功30%靠的是他的专业知识，70%靠的是良好的人际关系。可见人际交往在青少年的成长过程中有多么重要。因此，学会人际交往，建立良好的人际关系，已成为当代青年必备的基本素养。

2. 问学生几个问题

（1）你跟同学的人际关系如何？

A. 良好 　　　　 B. 好 　　　　 C. 一般 　　　　 D. 糟糕

（2）你跟同性同学的关系如何？

A. 良好 　　　　 B. 好 　　　　 C. 一般 　　　　 D. 糟糕

（3）你和异性同学的关系如何？

A. 良好 　　　　 B. 好 　　　　 C. 一般 　　　　 D. 糟糕

3. 分析男生的特点

男生豪爽，脾气暴躁，相互之间可以称兄道弟，产生矛盾后很快会没事。

4. 分析女生的特点

女生性格温和，比较内向，一旦产生矛盾难以解决。

（三）做心理测试

在下面的交往能力自测题中，你能迅速地判定你的反应吗？我们把反应的情况分成5个等级，请按照你的实际情况选择其中的1种填在题后的括号里。总是=1分；经常=2分；不确定=3分；偶尔=4分；从不=5分。

1. 您能自如地用口语表达您的情感。（　　）

2. 您能自如地用非口语（眼神、手势、表情等）表达您的情感。（　　）

3. 您在表达自己的情感时，能选择准确恰当的词汇。（　　）

4. 别人能准确地理解您用口语或非口语所要表达的意思。（　　）

5. 您能很好地识别别人的情感。（　　）

6. 您能在一位有自闭症的朋友前轻松自如地谈论自己的情况。（　　）

7. 您对他人寄予深厚的情感。（　　）

8. 别人对您寄予深厚的情感。（　　）

9. 您能与观念不同的人交流感情。（　　）

10. 不同观念的人愿与您交流感情。（　　）

11. 同学乐于向您诉说不幸。（　　）

12. 您不轻易对同学做出评价。（　　）

13. 您明白自己在交往中的一些不好的习惯。（　　）

14. 当和同学讨论时，您善于倾听同学的意见而不强加于人。（　　）

15. 在和别人要发生争执时，您能克制自己。（　　）

16. 当您心烦意乱时，您通过看书来排遣自己的情绪。 （　　）

17. 当同学带着问题找您时，您一般会告诉他该做什么。 （　　）

18. 当您不同意某一件事时，您会说出做这件事的后果。 （　　）

19. 您乐于公开自己的新观念、新方法。 （　　）

总结：人的交往能力往往是后天形成和发展起来的，只要掌握人际交往的原则、技巧，你就会在人际关系中和谐愉快。

（四）谈谈你的好朋友

找几个学生谈谈他们（她们）的好朋友，并说明他们（她们）成为好朋友的原因。

（五）讨论并导出同学间的相处之道

1. 同性之间的相处。

A. 男生与男生的相处。

B. 女生与女生的相处。

2. 异性之间的相处。

讨论完以后让学生在黑板上写出来，然后总结。

（六）呈现学生平时友好相处的相片

让学生感受一下如何友好相处。

（七）总结良好的同伴关系

给学生提供良好的同伴关系的几个要点：

（1）诚以待人。你真心地对待别人，别人才会以相同的态度对待你，所以以诚相待是建立良好人际关系的前提，不能有损害别人的想法。

（2）有容人之量。大度的人才能成大事。也许一件事情你会吃亏，但久而久之大家会对你另眼相看，所以胸怀应该宽一些，气量应该大一些，做个大度之人也会让你心态平和，获取良好的人际关系。

（3）谦逊待人。多发现别人的优点，不要放大别人的缺点，学会取长补短。

（4）学会与不同性格的人打交道。对不同性格的人采取不同的策略，例如，对傲慢无礼的人，尽量少和他们说话；对沉默寡言的人，可以开朗一些，直奔主题；对深藏不露的人，多用心思，注意说话的方式；对顽固不化的人，适可而止；对行动迟缓的人，拿出耐心；对自私自利的人，投其所好。

（5）不过于在乎得失。往往过分在乎自己利益的人会表现得比较刻薄。对待一些事情不要过于在乎自己的损失，气量要大一些，这样愿意和你相处的人会很多。

（6）学会在紧张与压力中释放自己。当压力足够大或者实在难以承受时，可以选择能倾听或者能给你建议的人去诉说并寻求帮助，也可以选择自己的解压方式，如看电影、运动等，尽量让自己释放，不要过长地在压力中难以自拔，既对学习效果不好，也有损身心健康，更不利于与他人建立良好的关系。

活动反思

这节班会课的主题有针对性，能解决实际问题。通过这节班会课让学生认识到良好的同伴关系的重要性。这节课的形式多样化，有小品表演、讨论、心理测试等等，课堂气氛活跃，学生积极参与，敢于发表自己的意见，收到了良好的效果。

这节班会课的不足之处有以下几点：

（1）形式可以再多样化。

（2）某些环节用的时间较多，导致后面的时间比较紧。

（3）多用例子和事实，更有说服力。

《做一个"靠谱"的学生》主题班会设计

陈智文

【活动背景】

五年级的孩子已到了儿童时期的最后阶段，开始逐渐进入青春期。随着思维能力的不断发展，学生的个性也更加明显，同学之间的矛盾与不满也逐渐增多，相互埋怨与指责之声远远多于相互欣赏与赞美之声。这次主题班会，旨在通过让学生回顾班级的生活点滴，引导学生发现同伴交往中哪些是值得拥有的美好品质。

【班情分析】

五（4）班的学生是一群活泼、纯真的孩子。今年我接手了这个班，在这之前，他们每年都换班主任，也许是这个原因，学生日常行为很松散，集体观念淡薄弱，成绩两极分化严重。

【活动目标】

（1）了解"靠谱"的意思，明确做事"靠谱"的意义。

（2）通过回顾班级生活，找到现阶段应拥有的美好品质。

【教学方法】

小组合作教学、体验式教学。

【活动准备】

（1）教师制作课件，准备海报和纸张。

（2）学生准备水彩笔。

【活动流程】

（一）活动导入

1.教师活动

（1）列举郎平的辉煌战绩，说明无论作为运动员还是教练，郎平都是成功的，受尊重的。

（2）介绍"世界最昂贵的午餐"。简单讲述3位华人与巴菲特共进午餐之后的成就，说明即使要花费上千万和巴菲特共进午餐，也是值的。

（3）小结：要成功地受人尊重，让别人觉得你值得交往，你就要做一个"靠谱"的人。

（4）"靠谱"是北方方言，后现代流行词汇，表示可靠，值得相信和托付的意思。

2. 学生活动

思考：两位名人的事迹给我们什么启示？

设计意图：以名人的事迹和故事为例，给学生明确"靠谱"的意思以及做事"靠谱"的意义。

（二）环节一

1. 教师活动

（1）提出问题：班级生活中你遇到过令你讨厌，打击你积极性，影响相互信任的事情吗？想想解决的途径。

（2）小结：现阶段的你们，能做到守时、礼让、文明……就"靠谱"多了。

2. 学生活动

各学习小组自由交流，并制作一张小海报，15分钟后展示出来相互分享。

设计意图：从反面教导学生要想做一个"靠谱"的人，首先就别做打击别人积极性，影响相互信任的事情。

（三）环节二

1. 教师活动

（1）提出问题：你的同学当中，有没有让你信任、乐于相处的人呢？他们做的什么事让你欣赏、让你感动呢？他们身上有什么优秀品质呢？

（2）小结：现阶段学生最需要拥有哪些美好的品质。

2. 学生活动

自由发言，各抒己见。

设计意图：从正面教导学生要想做一个"靠谱"的人，还要善于从别人身上汲取美好的品质。

（四）环节三

1. 教师活动

展示"家长寄语"。

2.**学生活动**

阅读并聆听家长寄语。

设计意图：发挥父母的感化作用，再次教育学生如何做到"靠谱"。

（五）总结

总结学生的表现，总结所感所获，感谢积极参与本次活动的家长。

活动反思

本次班会的主题明确，大家通过发现班集体的不良行为，并一起寻找解决办法，从而学会如何做一个更优秀的学生，如何改善与同学的关系。这类主题的班会活动只开展一次是远远不够的，可以年年做，甚至月月做。从班会的形式上看，我采取了很多"正面管教"和"积极心理学"的理念和方式：以"围坐"打破桌椅的隔阂，让师生平等对话；以小组讨论、教师点拨取代了教师的"一言堂"；以小组制作海报的方式代替冰冷的板书。发现同学优秀品质并致感谢词的环节是对学生的正向教育，能触动学生心灵，被感谢的同学发挥了优秀榜样的力量！从学生评价上看，这次班会给学生留下了深刻的印象。学生在班会感想里面都写出了各自的体会，初步明白守时、礼让、文明、乐于助人这写都是"靠谱"的品质，有助于改善人际关系。

当播放"家长寄语"的时候，学生都很感动，很多学生都在认真聆听家长们的每一个字，这一幕让我感受到"家校合力"的意义，尤其是德育方面。在漫长而又匆匆的校园生活里，每个班级、每个学生、每个时期，都会或多或少地出现不"靠谱"行为，我作为班主任，应该发挥好主题班会的作用，拿出爱心和耐心，给予班级积极、正向的引导，陪伴孩子健康快乐地成长。

《嗨，青春，您好！》主题班会设计

黄杏彩

【活动背景】

　　本学期，班里部分学生出现了不同程度的负面心理状态，导致学习成绩下降，态度懒散，情绪不稳定，家长也说孩子变了，以往无话不说，现在变得不太愿意和家长说话，更别提倾诉心事了，对于父母的一些要求和叮嘱，也会表现出不耐烦或抵触的情绪。家长因担心进而加倍对孩子进行约束和教导，但适得其反，最终亲子关系越来越僵。尤其家里生了二胎的，孩子情绪更不稳定，亲子关系变得更紧张，家长们束手无策！初二特有的青春期现象来了！学生的青春期因它特定的心理个性、心理特征，容易产生明显的逆反心理，易与父母发生误解、矛盾，甚至冲突，导致双方关系疏远或紧张。如果不加以及时、妥善地引导和解决，将不利于他们成长。为了引导学生学会理解、宽容父母，学会恰当地处理与父母的关系，我在班里召开了一节学生与家长共同参与的班会活动课《嗨，青春，您好！》，希望通过活动让学生与家长能客观认识自我与反思，懂得亲子之间的良性沟通方式与技巧，彼此尊重和理解，构建一个良好和谐的亲子关系。

【活动目标】

　　（1）通过活动互动，让学生正视自己的青春期心理现象和心理特点。

　　（2）通过活动互动，让家长了解孩子们青春期叛逆的成因，正视孩子们的心理状态和行为特征。

　　（3）通过游戏、视频等互动，让学生和家长领悟如何去维护和谐的亲子关系。

　　（4）通过活动让学生与家长客观地认识自我，懂得亲子之间的良性沟通方式与技巧，彼此尊重和理解。

【活动准备】

（1）收集学生在亲子关系中出现的各种问题。

（2）在班级里收集学生与家长沟通过程中出现的烦恼。

（3）每个孩子一根橡皮筋。

（4）家长提前准备一份有意义的小礼物（不能让孩子知道，给孩子一个惊喜）。

（5）家长准备一两句能触动孩子心灵的话语。

（6）教育视频《豆芽》。

【活动过程】

（环节一）家长诉衷情

（1）家长活动：孩子在亲子关系中出现的各种问题和困惑。

（2）PPT展示：通过微信、电话、面谈等形式收集到家长反映的亲子关系中的各种问题。

① 孩子变了，以往无话不说的孩子现在变得不太愿意和家长说话，更别提倾诉心事了。

② 对于父母的一些要求和叮嘱，孩子常常表现出不耐烦或抵触的情绪。

③ 家长因担心进而加倍对孩子的约束和教导，但适得其反，最终亲子关系越来越僵。

④ 家里生了二胎的，孩子情绪更不稳定，亲子关系变得更紧张，家长们束手无策。

⑤ 脾气暴躁，摔东西，倔强固执，情绪反应激烈。

⑥ 与父母唱反调，不理睬父母。

⑦ 沉迷手机、电脑游戏。

（环节二）孩子诉衷情

（1）学生活动：孩子与家长沟通过程中出现的烦恼。

（2）PPT展示我班学生与家长沟通过程中出现的烦恼。

① 不关心我内心的想法。

② 似乎只有大人的事儿才最重要的，我的事不重要。

③ 对我提各种要求，自己却做不到。

④ 没耐心听我的真实想法。

⑤ 跟我聊天，话题只有"学习"。

⑥用冷冰冰的大道理代替心贴心的交流。

⑦用发火的方式代替平心静气的教育。

⑧很想逃离父母的约束。

教师：面对青春期的骚动、叛逆、代沟等问题，是家长的错？还是孩子的错？

（环节三）小游戏

（1）规则：家长与孩子双手用力反方向拉橡皮筋，但不能拉断，持续30秒，然后让家长放手。

结果孩子们不约而同地喊：好痛啊！

（2）问题：

问题一：孩子们，你们为什么会痛？（因为家长放手了）

问题二：如果在你的成长道路上，爸爸妈妈放手了，不管你了，你会怎么样？

问题三：在你犯错、偏离健康成长时，你愿意父母对你撒手不管吗？那时你会有怎样的感受？

（3）青春期叛逆的成因分析：所谓叛逆，是孩子的行为和家长的期望产生激烈的冲突。这有可能是孩子行为本身有问题，也有可能是家长期望不合理，但归根结底还是教育的问题，因为孩子错误的行为也是教育的结果，产生青春期叛逆现象的主要原因就是家长没有意识到孩子的成长是有规律的。青春期的孩子会叛逆，主要有两个原因：一是觉得自己不能被理解；二是自己不能被尊重。

父母有必要反思如果和青春期的孩子中沟通中遇到了问题，应如何对待。

（环节四）如何对待青春期叛逆的孩子？面对叛逆的孩子家长应该如何做？

（1）观看亲子关系教育视频《豆芽》。

故事内容：当孩子对世界充满好奇时，有的家长被搞得心烦，然后劝孩子放弃。但短片中这位妈妈，却不断地告诉女儿"我们试试"。多一些耐心和鼓励，最后的结果会让人惊喜！

（2）问题：家长们、孩子们，你们看完这个视频收获了什么？

家长：坚持努力就能成功。

孩子：有爸妈陪伴一起做事，很有安全感。

感悟：面对孩子的问题，具有保护孩子、陪伴孩子尝试的行动力，在一次一次失败后虽难过，但不抱怨、不气馁的心态，学会勇敢地突破以及自我找寻方法的示范，这才是爸爸妈妈给予孩子的最宝贵的财富。

（3）如何对待青春期叛逆的孩子？

①观察沟通；②保持冷静；③寻求意见；④开放自我；⑤不断试验；⑥实践体验；⑦将心比心；⑧分析说明。

（4）面对叛逆的孩子，家长应该如何做？

要想从根本上化解孩子的逆反心理，父母必须做好与孩子的沟通：

①父母必须很具体地说出不满意孩子的某种行为。

②父母应说出自己不满意的心情。

③父母不要做无谓的批语和推测。

④用提醒的语气讲出，孩子才能感受到父母的出发点是关心自己。

⑤以问题的方式启发孩子思考，要引导而非教导。

⑥父母要威严地提出要求，一定要注意语气。

（环节五）青春期！请把孩子当大人看！给予孩子责任与担当！

（1）家长赠送小礼物，同时为孩子后阶段期末复习写下或说出几句能触动孩子心灵的话语，温暖、软化孩子已渐走渐远的心，拉近亲子之间的关系。

（2）孩子们给父母一个温暖的拥抱，化解父母的担心。

结语：青春期的叛逆不可怕，我们要做好心理准备，正视它，用爱去化解它，因此，在青春期，家长请把孩子当大人看！给予孩子责任与担当！让我们顺利度过这敏感时期，让我们一起加油！

活动反思

（1）在这班会课上，我采用游戏与互动形式，以摆问题、正视问题、解决问题的思路来设计这个班会课，目的是引导孩子、家长产生共鸣，引起心灵的触动，领悟亲子矛盾，懂得如何化解冲突，在每个人心里引起反思。

（2）在班会课上，小游戏、赠送礼物、温暖拥抱的场景让我感动，孩子们和家长也都闪动泪光，说明他们很受触动。课后家长们纷纷留言，感谢老师给他们上了一节这样好的亲子教育课。

《拥抱真善美，传递正能量》主题班会设计

张惠珍

【活动主题】

拥抱真善美，传递正能量。

【活动目标】

通过本次班会活动，使学生在互动交流等活动中进一步了解真、善、美，激发学生对美好事物的向往，引发其对人生观、价值观的深思，为班级、为社会传递更多正能量！

【活动对象】

高二（8）班全体学生。

【活动准备】

（1）资料、素材挑选、汇总。

（2）每位学生准备"生活中的真"事例并写在卡纸上。

（3）学生自发组织踏青。

（4）PPT课件制作。

（5）学生主持指导。

（6）学生座位编排。

【活动过程】

1. 以下面事例为引子，导入班会课主题

（1）1991年获得爱荷华大学太空物理博士学位的卢刚在获得了博士学位后，仅仅因为成绩比同学稍低一点，便开枪打死导师和同学。

（2）清华大学学生刘海洋将一瓶硫酸泼向狗熊，造成这只狗熊全面烧伤。问其原因，只是因为好奇。

（3）2013年4月，上海复旦大学上海医学院研究生黄洋遭室友林森浩投毒后死亡。投毒药品为剧毒化学品二甲基亚硝胺。

（4）2014年3月1日21：20分左右，在我国云南省昆明市昆明火车站发生了一起由新疆分裂势力组织策划的无差别砍杀事件，造成29死143伤。

2. 生活中的"真"

（1）以龙应台在她的书《目送》里探讨的幸福的含义引入对"真"这一话题的思考。

（2）组内互动：分享生活中的"真"（背景音乐）。

（3）谈谈你在交流过程中的收获（主持人：陈铭斌）。

（4）欣赏来自井下453米的矿工的歌声《做自己》。

3. 温暖你我的"善"（主持人：关颖丹）

（1）表扬雷锋月获得"感动8班年度人物"的两位同学。

（2）分享获奖者之一彭蕴灵同学来自周记的自述。

（3）小结。

4. 无处不在的"美"

（1）有时候，美躲在大自然里——欣赏《大自然的笔记本》摄影集（主持人：陈迦璇）。

（2）有时候，美融化在人情之间——分享情感故事。

（3）有时候，美蕴含在灵魂里——观看视频《田埂上的梦》。

5. 传递正能量

我们不但要做真善美的发现者，还要做真善美的创造者，让真善美的正能量传递出去！请你想想你能为班级，为身边的伙伴做些什么？

【活动总结】

在卡纸反面写下班会课的感想，并把卡纸传给别的同学，分享感受。

《青春·理想·奋斗》主题班会设计

林 茵

【活动背景】

高一学生已进入高中两个多月，大多数学生还没有习惯高中的学习方法，还保持在初中的状态，没有认真思考自己的未来，没有明确的学习目标、方向和理想。有的学生认为初三辛苦了一年，高一应该好好放松。

【活动目标】

（1）让学生正确认识青春，把握青春。

（2）引导学生合理规划自己的高中学习生活，从而考上理想的大学。

（3）帮助学生更好地找准自己的位置，树立适合自己的梦想，同时指导学生如何实现自己的梦想。

（4）激发学生充实并有意义地渡过三年高中生活。

【参与人员】

高一（2）班全体学生。

【活动时间】

2016年11月25日下午第一节课。

【活动准备】

（1）制作幻灯片。

（2）相声排练。

（3）运动会和军训相片的收集。

【活动过程】

（一）青春

1. 两个问题

（1）你觉得自己美吗？为什么？

（2）你觉得青春是什么？

2. 故事

《选择》。

（二）理想

（1）相声表演《谈理想》（表演者：郭峰、陈民龙）。

（2）人生目标的调查。

①呈现美国做过的一次关于人生目标的调查：

美国曾经做过一项关于人生目标的调查：在一个群体中，有27%的人无任何目标；60%的人有着模糊的目标；10%的人有着坚定的目标；3%的人有着崇高的理想。

②呈现调查结果：

A. 有着崇高目标的3%的人成为各界的领军人物。

B. 有着坚定目标的10%的人成为"金领""白领"。

C. 有着模糊目标的60%的人成为普通人。

D. 无任何目标的27%的人成为处于贫困线上的居民。

这项调查结果表明：一个人有没有明确的目标对人生的发展起着决定性作用。

③用举手的方式了解学生人生目标的分类。

3. 心理测试

期盼已久的长假终于来了，你拖着疲惫的身躯打算休息好了再启程，慢慢地你进入了梦境，这是一幅美丽的画面。梦醒后的你还依然回荡在梦里。那么，梦中的你看到了什么画面呢？

A. 一位美女正端着酒杯望着窗外迷人的夜景，若有所思。

B. 已离你而去的奶奶正坐在阳台上织毛衣，还对你微笑。

C. 和朋友去野外露营，夜色中的星辰真美。

D. 自己回到了小时候，正与朋友嬉戏打闹、玩耍。

（让学生选择一个答案，然后提问选择的原因，最后呈现测试结果）

4. 高中三年的规划

让学生对高中三年进行规划：

（1）考上哪所大学？

（2）为了考上大学，具体应怎样做？

（3）除了考上大学，你想三年后成为怎样的你？

（在纸上写上：＿＿＿＿＿＿大学，具体做法＿＿＿＿＿＿＿＿＿＿，三年后的你是＿＿＿＿＿＿＿＿＿＿＿＿。）

（三）奋斗

（1）播放校运会上学生奋斗的照片和军训的照片。

（2）引用上一届高三学子的典型例子来激励学生。

（3）用青春的名义宣誓。

（四）总结和反思

这节班会课基本上能达到预期的目标。学生通过这节班会课，能认真思考如何度过三年高中，如何使高中三年更有意义，收获良多。对于高一新生来说，这节规划主题班会非常必要，为他们以后的学习和生活指明了方向和目标。

本节班会课的亮点体现在以下方面：

（1）主题符合实际，有代入感。

（2）准备充分。

（3）形式多样化。

（4）教师能充分调动学生的积极性，巧妙引导学生思考问题、思考人生。

（5）课堂气氛活跃，学生的参与度高，敢于表达自己的想法。

本节课有待改善的地方：

（1）课前应布置学生对大学进行了解，以便思考考哪所大学时更有针对性。

（2）如果"用上届高三学子的典型例子来激励学生"这部分录成视频播放，效果会更好。或者邀请1~2个优秀学生来现场讲解。

这节班会课只是一部分而已，后续工作还有很多，如在平时的学习生活中监督学生，引导学生认识一些大学等等。当然学生写的规划课后要还给他们，让学生记得自己写的规划，按照规划开展，也可以根据需要适当调整规划。有了规划，学生的高中三年会更有意义，从而实现自己的目标。

《幸福，从学会规划人生开始》主题班会设计

罗柳青

【活动主题】

"善为根本，美为质素，幸福为目标。"人活着就要有自己的人生目标，而人生最终极的目标就是实现自我，体现人生价值，走向幸福的人生。

高一下学期，我们选择了文科，为高考制订了努力方向。可是对于自己今后的职业取向，还是模糊一片。为了给人生定一个目标，为目标做一个规划，我们一起来进行"幸福，从学会规划人生开始"，实现人生价值，走向幸福人生。

【活动准备】

（1）请学生课前完成《MBTI性格与职业类型测试》，尝试完成"我的人生规划蓝图"表格。

（2）请学生在课前了解一下，社会上有哪些杰出的"文科生"，他们的奋斗过程是怎样的？对你又有哪些启发？

【活动过程】

1. 为什么要规划人生

游戏："撕思"人生

（1）在白纸条上画一个长线段。（在起点写上你的出生日期，在终点标注出你自己预测的死亡年龄）

（2）在线段的适当位置上标注出你现在的年龄，并将这之前的部分撕下来。

（3）在剩下的线段下写出你认为今后的人生中最迫切想要实现的三件事。

（4）在线段适当位置上标注你有所成就的年龄，然后把这以后的线段撕下来。

思考：请看纸条剩下的部分有多少？你手中拿的这段时间是什么，有多少？

（我们可以用来努力学习和工作的时间还有多少？）

2. 如何规划人生

奥斯卡获奖导演巴里·杰金斯说过："总有一天你要决定自己到底是什么样的人，别让其他人给你做这个决定。"

请学生分享自己在《MBTI性格与职业类型测试》中的结果，并从"我是谁？""我在哪里？""我往何处去？""我如何到达？"这四个方面谈谈自己的人生规划，见下表。

思考：为了实现理想，我们应该加强哪方面能力的培养？

我的人生规划蓝图		
我是谁？	我是一个怎样的人？我喜欢什么？我能够做什么？请说说我的兴趣、能力、价值观、人格特质等	
我在哪里？	我处在什么样的学习阶段？我能在这里做些什么？我该如何在这个阶段去努力？请说说我现处的学习阶段、优势劣势、学习状况等	
我往何处去？	请谈谈自己的人生理想和发展方向。我的明天和未来像什么？请说说我的人生目标和奋斗方向	
我如何到达？	我如何才能成为我想成为的自己？今后我该在哪些方面加强努力？为实现目标我该培养哪些方面的能力	

3. **实现自我，走向幸福**

"千里之行，始于足下。"想好了发展的方向，就要付诸行动，为了更好地实现梦想，请填写"高中三年规划"（学习、生活、能力方面等），小组讨论并分享。

高中三年规划	
高一	
高二	
高三	

4. 总结与分享

请谈谈你在这次活动里有哪些收获与感悟？

_____

_____

_____

5. 课后拓展与延伸

"心有多远，路就有多远"。有没有想过十年后的你是怎么样的呢？请在课后完成"十年后的名片"，想一想，为了实现它，你今后该如何努力？

十年后的名片
姓名：
地址：
称谓（头衔）：
工作单位（机构）：
其他：

下篇

教育故事

幸福

我愿是你的眼

——记一次转化学生的过程

李苑珍

2013年高考成绩一出，就接到他的电话，电话中的声音欢快欣喜："老师，我考上了！546分！本A！"听到这个消息，我也兴奋不已，不住地说："不错不错！可喜可贺！"

他叫刘文东，是我在高三才接手的班级的一个学生。他能取得这样的成绩，既在意料之中也在意料之外。他曾是让人揪心的孩子：任性、偏执、莽撞、爱顶撞老师、偏科严重。他直接、无礼的说话方式不但气哭了年轻的英语老师，连我这老江湖、老班主任也被他气得流下泪来，他的无礼曾经让老师觉得很失望。回想一年来与他的相处，亲自见证他从莽撞少年成长为懂事青年的历程，真是百感交集。他的成长，让我更加深信：师者，引路人也！

一、离校出走

那天上晚修，我在讲台上坐着改试卷，学生在台下安静地做作业。我改完试卷后就到了语文自习时段，有60分钟时间。我把试卷发回给学生，交代他们一半时间用于订正试卷，一半时间做科代表白天发的练习卷。

离晚修结束还有5分钟的时候，我开始检查作业。全班同学基本都完成作业了，只有他一个字都没写，试卷也没订正。我问他怎么没完成作业，他一句话不说，还横着脸，问他怎么了，他也不回答。我耐着性子说："你不做作业，也不订正试卷，就坐在座位上发了一个钟头的呆，总是有原因的吧？你告诉我有什么困惑，或许我可以帮你解决。你不跟我说，我也不知道你怎么回事呀！怎么帮你？"他还是不说话，只是用眼睛瞪着我，似有怨气。我看着他的眼神，心里一股无名火直往上蹿，说："你没做作业，老师了解一下情况，可问你多次也不回答，你不回答也就罢了，还瞪着老师干什么！现在犯错的是我吗？"我话音未落，他就扭头走了。我心想：这孩子怎么这样，老师话还没说完就走，一点礼貌都没有。然后自己反省了一下，自觉并没用很强硬的语气，应该不会对他造成什么伤害。那么，他是跟同学闹矛盾了吗？但事前我没见他有什么不妥，也没听说他跟同学有什么矛盾。我看宿舍都要熄灯了，再问下去也问不出什么来，还影响他休息，就想明天再找他谈。

到了晚上11：00，我刚回到家，电话响了，是宿舍值日老师打来的，问他怎么没在宿舍。奇怪，我刚刚明明看见他往宿舍方向去的，怎么就不见了？我刚刚也没责备他呀，不会要离校出走吧？我赶紧给他家打电话，问他回家了没有。他家离学校并不太远，骑车只要20分钟。电话是他姐姐接的，她说他并没有回家。我这下着急了。要知道，这大半夜的，学生从学校出去，要出了什么事，问题可就严重了。我忙叫上我爱人一起出去找。在学校找了一圈，没有，又到镇上游戏厅找了一圈，也没有。正急得不得了，他姐姐打来电话说他回到家了。他姐姐在电话里一个劲地道歉，说没有请假就跑回家，害老师担心，很抱歉。听到他安全回了家，我心里的一块石头才算放下了。他姐姐告诉我，他以前也经常这样不跟老师打招呼就突然跑回家，说他本来是个很乖的孩子，但自从两年前妈妈去世之后，就性情大变。他们的爸爸没什么文化，又天天喝酒，极少管孩子，慢慢地他就长成一副倔脾气了。明天是妈妈忌日，他大概是想妈妈了。我一听，心里咯噔一下：他是单亲孩子？我竟然不知道！同时庆幸自己刚才发现他没完成作业时没有大声批评他，就算后来他扭头就走时也没有继续纠缠，不然就真伤了孩子了。难怪他一晚上都不出声，难怪他一晚上就坐在座位上发呆，如此特殊的原因大概是他那种表现的最好诠释吧。而我忙着改试卷，竟然没有注意到这些，是我的失职，同时我也为自己接手新班级一个多月了还没有完全了解班上学生的家庭情况感到自责。

第二天下午放学后，我找他聊天。这个时间同学们都吃饭了，走廊上清静得很。我拍着他的肩膀很诚恳地说："文东啊，昨天老师不了解情况，对你的行为不理解，是老师不对。但你要相信，老师不是有心的。同时老师希望你有什么事要好好跟老师沟通，老师很愿意帮助你的。你有18了吧，已经长大了，相信你也会像一个男子汉一样坚强而有力，成为一个有担当的人，是吧？"他已经没有昨天那么情绪化了，脸上温和了不少，但依然没有说话，只是点了点头。我想他可能不习惯这样跟老师交流，就继续跟他说："作为一个男子汉，能勇于表达自己的想法是很好的事。有事情不憋着，学会与人沟通，学会与人相处，要勇于走出自己的小世界，才会有更多的朋友，自己也会更开心。你本是一个很乐意表达的人，但你却不愿意跟老师敞开心扉。老师不是你的敌人，恰恰相反，老师是你除了父母外最可以信任的人。如果你肯敞开你的心扉，昨晚就不会发生那样的事，老师完全可以放你假的，你知道吗？因为你的出走，老师担心你的安全，你的家人知道后也非常担心，我还因为找你，跑了大半个镇。今天一早就赶回校连上四节课，累得腿都要断了，你能体谅吗？老师跟你说这些，不是责备你，而是觉得你已经长大了，做事情要有个交代，不能就这样转身就走，不告诉任何人。也许你一走了之是轻松了，却给亲人、师长带来了担忧，你懂这个道理吗？"我故意不提他母亲的事，我要让他意识到自己是成年人了，要学会去承受生活中不期然降临的一些幸或不幸的事。这天傍晚，我和他足足聊了一个小时，可以感觉得到，他从内心已经接受了我所说的道理。

二、班会课呛声气哭班主任

早上6：40到校，连上9节课，晚上再上3个半小时的晚修，在高三艰苦奋斗的日子里，我隐约感到班上的学习氛围不太好，同学们好像还没完全进入备考状态，不少同学感到疲惫不堪，有的甚至还在观望和彷徨，班上似乎总有一股敌对情绪在酝酿。

那天上班会课，我总结了班上近来的情况，讲到目前学习上出现的瓶颈现象和一些同学懈怠疲累的情况，希望他们劳逸结合，并且更加注意学习方法，要懂得自我调配时间抓紧学习等。正说着，只听台下他大声说道："都是因为你们老师，把我们管得太死了，为了升学率，害我们没一点自由，我们的天性都被你们扼杀了！"这样没来由的一句话，如惊天炸雷一样，在课室里炸开了，全班同学有的附和，有的指责，有的起哄。我狠狠地瞪了他一眼，示意他不要再说了，谁知他不依不饶地继续说。我沉默了。同学们看我沉默下来，也安静下来。我看他们安静下来之后，沉痛地说："同学们，我们现在是高三阶段，是人生中一个相当重要的时期。这个时候不是讨论教育弊端的时候，如果有机会，我们可以私下交流，也欢迎同学们提出更好的建议。学校的时间安排比较紧，也是为了同学们能抓紧时间复习，争取考上理想的学校。你们也看到了，上高三以来，老师们一直和你们一起在奋斗，从早上6：40分开始，老师就和你们在一起，一直到晚上10：30，从无怨言。为了让大家放松身心，老师领着大家一起跑步、跳绳、踢毽子，积极锻炼，带着大家去参加各种拓展活动，目的只有一个，希望你们能充分享受高三的奋斗时光，给你自己的人生交一份满意的答卷，也给你12年寒窗苦读一个满意的结果。你能说老师们做这些是为了自己吗？同学们对老师的付出看不到吗？你们对老师的付出要抱怨吗？"说到最后，我联想到自己对班级管理所付出的心血，如今在他们眼中好像不值一提，不由一阵心酸，眼泪不由分说就掉了下来。孩子们鸦雀无声，前排几个孩子悄悄给我递上纸巾，有几个学生开始埋怨他乱说话。他看我流泪也低下了头，不敢再说了。我平复了一下自己的情绪，对他们说："同学们，自从我接手我们这个班以来，我一直觉得我们班是相当不错的一个班级。你们都很聪明很可爱，老师也希望尽自己最大努力，来创建一个和谐幸福、友爱团结、奋发向上的班集体。我希望我们是会学习的，也是友善的、友爱的、懂得感恩的、有良知的人，更希望我们是有责任、能担当的年轻人。出现问题，我们不抱怨，要从自身去找原因，才能求得进步和发展。咱们班总体上是相当不错的，数学和理综有优势，语文较平稳，英语还有很大的上升空间。你们经过了12年寒窗苦读，难道不想考上一所理想院校来证明自己的实力吗？问一问自己的内心，你的刻苦攻读都是被迫的吗？"我在同学们的一片啜泣声中结束了班会课。

第二天第一节课下课后，他突然来找我，问我能不能在上课的时候给他10分钟时间。我问为什么，他说想对全班同学说几句话。我答应了。上课的时候，我刚走上讲台，他就走过来，深深地对我鞠了一躬，说："老师，对不起。"这是唱的哪一出啊？我被他的举动弄得一时没反应过来。接着他拿出一张纸，当着全班同学念了起来："我在这里为自己的幼稚和不懂事向老师和同学们说一声'对不起'。是我一直以来的坏习惯伤害了老师，影响了同学们。我一直以来总认为老师是压迫我们的，总喜欢和老师顶嘴。但李老师让我改变了看法，她是真心为我们好的，她处理事情从来不是呵斥我们，而是让我们明白为什么要这样。我为自己伤了老师的心而难过和抱歉。我发誓，以后不会了。"说完，他转过身来，当着全班同学的面给了我一个拥抱。对他的表现全班同学给以热烈的掌声。在他的带动下，另一个常常迟到的同学也表示今后会自我约束，管理好自己，不会让我老为他操心了。看他们做完这一切，说实话，我太感动了。他能这样自我反省，又对老师真诚地道歉，实在太不容易了。

三、言传身教，关怀心灵

刘文东有一些小毛病，经常遭到坐在他周围同学的投诉，说他说话太大声，从来不谦让，还喜欢用拳头捶人，虽然不是有心的，但也让人不舒服。而且说话太直接，常常伤到人。我知道他是一个缺爱的孩子，也不知道如何爱别人，我有责任交给他学习以外的一些东西，比如如何与人相处，如何关爱他人等。我到班上经常关注他，经过他身边，经常拍拍他的肩膀，给他一个微笑，给他一些鼓励，问问他近来学习如何。我知道他自尊心极强，就选择适合他的交流方式，绝不跟他硬碰硬。有时，我看他没吃早餐就开始早读，会把自己的早餐送给他吃，有时，悄悄在他桌子上放一个苹果或一盒酸奶。跟他说话的语气，就像朋友一样。一次在跟一女学生聊天，无意中听说那天是他的生日，我还特意跑到蛋糕店去给他买了一个精美的小蛋糕。当我把蛋糕悄悄地放在他面前时，他又惊又喜。还有一次，我们正在操场上跳绳，我注意到他的校服裤子的膝盖上破了一个洞，一般男孩都比较爱面子，校服破了肯定不会再穿了。我想他可能是考虑到家里的经济状况，没有再买校服吧。如果我买给他，他肯定会觉得不好意思。于是我就趁着检查宿舍的机会，给他缝了缝。我对他的关怀，不刻意不张扬，只想让他体会到人与人之间有爱有关怀。我相信，给他友爱和善意，他也会回馈你友爱和善意。

在学习上，他成绩只居中等，偏爱数学和理综，但也不是很拔尖，数学大概是105，理综大概是220，语文还能考80分左右，英语却每次只能在四五十分徘徊。按这成绩只能上一般的专A学校。他一直对英语老师有成见，不肯学英语。我私下里跟他聊天，说英语老师因为第一年带高三，年轻缺乏经验，压力很大，因而勤奋刻苦，经常向老教师拜师学艺，经常辅导个别成绩落后的同学到晚上七八点才下班，不计报酬，无私奉献，这样的老师不值得同学们尊重和爱戴吗？再说，英语学不好，对考大学肯定有影响，你愿意看到自己只上一个一般的专A吗？还有语文，你不肯去记忆，也不愿写作文，当然不可能拿高分。与其高考后被人笑话，不如现在奋发学习，还能赶上去。一番话说得他不住点头。

此后，我开始看到他可爱的一面。在课后他常和其他同学积极地讨论数学题，对语文和英语也开始主动学习，并且经常主动和我探讨问题。每次见到我或其他老师，他都会主动打招呼。上课时，他有问题要问，再也不是直接就说，而是会把手举得高高的，大声说："老师，我有问题！"每当这时，同学们都会转过去，善意地笑道："你真有问题！"我欣慰地看到他由一个让人揪心的孩子变成了一个懂事好学的学生。高考成绩出来，546分，确实相当不错。

四、教育反思

高中生虽说已步入成年，但他们的内心还是个孩子。他们考虑问题和表达的方式和我们成年人不一样。他们年轻、稚嫩、阅历少、容易冲动，只会从自己的角度来看问题，所以难免会有这样那样的缺点，犯这样那样的错误。只有在这些错误中，他才能不断地成长。所以，他们在成长的路上才更需要得到正确的引导，对于一些家庭环境比较特殊的学生，我们更要考虑他们的内心感受。作为一个教育者，我愿意做学生的眼睛，帮他们发现问题、分析问题和解决问题。在学生犯错时要有宽容心，要懂得跟学生分析问题讲道理，说话也要抓住学生心灵的弦。对学生要有耐性，也要有智慧，更要有良好的品性，充满爱意和善意，言传身教，如春风化雨，引导他们向善、向上，成为一个真正的有素养的人。

欣赏让她变得越来越优秀

李苑珍

　　刚接触琪时，她给我的印象是开朗、友善，笑起来带点腼腆。

　　开始我并没注意到她。第一次引起我的注意，是开学第一周。有一天，校团委通知我，叫她课间操时到学生会集中，因为她是学生会干部，团委有工作安排。我有点诧异，因为我看分班名册，这孩子学号很靠后，成绩应该很不理想，但能担任学生会干部，说明她的表达能力及应变能力应该不错。因为我们年级的学生会干部也是竞选上岗的，并非人人可以胜任。

　　这个女孩第二次引起我的注意，是我第一次批阅班上的周记，我发现这孩子字写得非常工整、漂亮、美观，绝对是全班字写得最好的一个。我当即在周记上对她大加赞赏！

　　这女孩第三次引起我的注意，是我在讲《陈情表》的时候。《陈情表》是高中课本里所有要求背诵的课文中公认的最难背诵的篇目，学生一般没有一个星期是背不出来的，可她在我还没讲完课文时就找我背课文了，一字不差，全背下来了。我不由自主地为她鼓掌，为她竖拇指，夸她真了不起。

　　而今天，我才刚刚给《游褒禅山记》开了个头，只讲了第一段，她就把第三段要求背诵的内容背出来了，实在太让我意外了！因为这几年所带班级，几乎都是理科班，很少有学生对语文背诵这么积极主动的。琪这种主动学习的意识让我大为赞赏。

　　这孩子学习能力不弱啊，为啥成绩上不来呢？我觉得要好好点拨点拨她，让她有更大的进步。傍晚，我们坐在操场上，聊了好一会儿。

　　我问她目前学习的最大困惑是什么，她说基础不好，很多内容听不懂，而且不知道如何进行知识的归类和整理，学习起来常常觉得知识点很乱，觉得自己的学习能力很低。

　　看得出来，她对自己的学习没有底气，很不自信。

我说："你想听听老师对你的评价吗？"她用力地点点头，很期待地看着我。我首先肯定和赞赏了她主动学习的精神，告诉她在我眼里，她是一名很优秀的女孩，是我这几年见过的最积极背书的学生，并趁机帮她分析了一下她的学习现状，指出她的情况其实还是蛮乐观的，进步的空间及可挖的潜力都非常大。我说："每个人的资质其实都不同，但那种执着于追求理想并能积极主动学习的人一定是离成功最近的人。你具备了成功的潜质，那么难背的课文你都能在那么短的时间内背出来，说明你的理解力、记忆力都很不错，如果能坚持努力，假以时日，一定会有收获。老师觉得你可以飞得更高，虽然现在是在班级50多名的位置，但老师觉得你应该可以上升到30名甚至更前一点。就算以后你考取的大学也许并不那么著名，但你的乐观和主动做事的思维方式，也会让你在今后的工作和生活中获益不少，那是你的一笔精神财富。"

琪听到我的鼓励，一双明眸闪闪发光，问我："真的吗？老师，我真的可以吗？"我肯定地点点头。琪说她其实比较自卑，因为自己的成绩并不稳定，一会儿飞上云霄，一会儿跌入低谷，让自己无所适从。而自己因中考失利，作为择校生入读我校，家里人的期望也较大，希望能考一个比较理想的大学，但又担心自己基础薄弱，无法实现自己想要的目标，其实还处在非常迷惘的境地，我的一番谈话好像拨开了她眼前的迷雾，重新让自己看到了希望。走的时候她对我说："老师，我其实很少这样跟老师聊那么多。今天这样聊，好像还蛮好的。"我笑着对她说："欢迎以后多找我聊天。"

琪在我找她聊天后，学习上变得更主动、更沉稳，也在一点点地进步。她以自己是个优秀学生的标准来要求自己，不断地克服困难，一次次地突破自己，终于在高考中考进了自己心仪的大学，实现了自己的愿望。

你期望学生成为什么样的人，他就会成为什么样的人，前提是你要告诉学生，他就是这样的人，这就是期望效应。

你的微笑

张惠珍

他从来没有冲我微笑过。

高一的下学期，由于年级分班，我班报读术科的十几个学生离开了原来的班级，同时调进来十几个别班的学生。经过一个多星期的磨合，这十几个学生慢慢适应了我班的纪律和我的处事作风。然而，我发现他们当中有一张与集体格格不入的面孔。

他是颖聪。课余时间，我很喜欢留在课室里，坐在学生的凳子上，与他们聊天、开玩笑。学生们也乐意围在一起，在我面前叽叽喳喳说个不停。然而，他从来不参与，甚至我一走近他，他便走开，走到课室的某个角落或者课室外一个人发呆。而我从他脸上看到的不是害羞，而是厌恶。他仿佛对我这个班主任有诸多不满。

我十分疑惑，自他进入我班以来我从未严厉地处罚过他，为什么他会对我产生如此大的排斥情绪呢？我找到班上与他来往密切的学生了解情况，希望能解开这个谜团。然而从学生们的口中得知，颖聪其实是个挺开朗的男孩子，跟班上的同学也常常开玩笑，也没有在他们面前表达过任何的不满。

终于我在周记中找到了谜底。他之所以厌恶我这个班主任，是因为他觉得进入新的班集体后，严格的班规使他感到十分压抑，他心里还是惦记着之前的班主任，同时好朋友的各奔东西加剧了他对新班级的抵抗情绪。

得知这些情况之后，我尝试主动跟他聊天，在校道上碰见他，也主动地跟他打招呼。但这些行动丝毫没有改变尴尬的局面，我俩的师生关系更因为一次课间操而变得紧张。

"你给我回来，你得多跑一圈。"我大声地对着刚刚没做早操的颖聪喊。而他不可一世，对我的处罚不屑一顾的表情实在让我感到十分生气。回到办公室，他依然还是一副爱理不理的样子，我每说一句话他都很不礼貌地反驳我。

年级长见状也说了他几句，而他居然冲年级长吼了一句："跟你无关，别插嘴！"我气得火冒三丈，我知道这么争吵下去也不是办法，于是给了他一张白纸，说："在这件事上，你有什么话要说就写在这张纸上吧！"我还幻想着他静下来后，会说些悔改的话。然而他在纸上写的话让我不敢相信这出自一个高一学生的手笔：

"人一生下来就注定要被玩，学生被老师玩，老师被领导玩，领导被教育局的人玩……我讨厌这种被束缚、被压抑的生活。迟到要罚，没值日要罚，不交作业要罚，现在连不认真做早操都要被罚，难道做个早操就能考清华北大？很多人喜欢把简单的事情复杂化，这叫艺术，我喜欢把复杂的事情简单化，这才是生活……"

怒火中烧的我，当时做了一个极不理智的决定：我把他的话做成PPT，利用课前的时间，对这段话进行了一番"分析"。

我来到教师，学生们的神情也随着我严肃的表情变得凝重起来。我走到讲台上，清了清嗓子说："今天，是老师工作以来最伤心的一天……"我把刚才发生的事情简单地复述了一遍（但我没有透露他的名字），接着我说："这位学生的话让我十分悲痛，坦白说，刚刚我落泪了，我无法想象这位学生内心有着怎样的一个世界……"于是我把那段话放给学生看并让他们看过后进行讨论。我问他们："你觉得这位学生的世界是怎样的？"有的学生说："我觉得这位同学太自以为是，不理会别人的感受。"有的学生说："我觉得……"（学生似乎因不知如何表达而停了下来，做了一个苦恼的表情）我说："或许我应该这么问，你觉得他的世界是什么颜色的？"学生说："灰色的，黑色的。"还有的学生说："我觉得这位同学如果持有这样的想法生活，那么他的世界是很消极的，会导致整个人十分懒散……"接下来，我对他所写的每一句话都分析了一遍，在这个过程中，我特别留意他，然而我发现，他的表情仍然是不屑一顾，甚至嘴角还不时上扬，露出让我心寒的表情。后来，他居然站了起来对全班的同学说："不用猜了，写这些话的人是我……"本来我是想在这种集体的思考中让他明白自己的错处，但很明显，我这个做法错了。

那一个星期的周记，许多同学对这件事做了评论，个别学生建议我在教训学生的时候可以换一种幽默的方式，认为我当众批评这位学生，即使没有点名也不太好。但大部分的学生对我的做法表示赞同，并表达了对这位同学的不满。

我开始反思自己在处理这件事情上的方式。因为学生在周记中的反应让我感受到自己的做法令一些学生对自己的同学产生了反感，我开始担心自己的这个行为会让其他同学孤立他，我不得不承认，当时我在处理这件事情的时候情绪处于极为不稳定的状态，愤怒充斥着我的大脑。有人说，一个人情绪不稳定的时候往往会做出一些错误的决定。确实如此，那一天发生的事情使我与颖聪的关系变得更加紧张。几天后我发现事态有了一些转变，虽然有时候我觉得他有意避开我，但我发现他好像也在为自己的行为感到后悔，想亲近我。

我想，或许我应该更宽容地对待他吧。尽管他曾经的行为令我如此失望，但他毕竟是个学生，犯点错不是很正常的吗？作为一个老师，我何必对学生的错误耿耿于怀呢？何况我不是也做了让他伤心的事情吗？于是我执起笔给他写了一封信：

"亲爱的颖聪，我怀着忐忑不安的心情给你写这些文字。第一次见到你的时候，心里想，这好像是个安静的男孩子，总是不说话。再后来我从同学们的口中得知原来你也是个幽默的人。但很可惜，我从来都不能分享到一点你的幽默，因为你好像不怎么喜欢我这个班主任。这一次，因为课间操我们闹了一个很大的矛盾，坦白说，我无法容忍你对我、对年级长如此的不敬，你说的那些话更让我无比心痛。正如班上一些同学对你写的话的评论一样，我仿佛看到你的世界缺少了一点色彩，一些阳光。难道表面幽默的你，内心有什么让你感到悲伤的吗？我不知道是什么使你形成现在的价值观、世界观，但我希望你能把生活看得积极一些，把人生看得美好一些。对，这只是我的希望，一个或许你讨厌极了的可恶的班主任对你的一点建议。老师在这里也跟你道个歉，老师不应该把你说的话放出来让大家看，让大家讨论，老师当时一定是气过头了，才做出这样不对的事情，请你原谅。我想，生活是一面镜子，你对它做什么表情，它便会还你一个什么表情。我多么渴望你能对生活微笑！"

想不到这封简短的书信起到了大效果，颖聪对我的态度在往后的日子里发生了微妙的变化，他开始跟我打招呼了，我跟学生们聊天、开玩笑的时候，尽管他没有参与其中，但也会在一旁听着，而现在每次他遇见我的时候居然也会送给我一个微笑了……

后记：或许我更应该感谢这位学生，是他教会了我当自己情绪不稳定的时候，不要做任何决定，冷静下来再说。同时因为他的微笑，让我不断地反省自己、督促自己、任何时候都要以宽容的态度对待学生，而且这种宽容不应该来源于职业需要，而应该来源于我真的从心底里原谅了他。"乐教"的意义或许并不单一的指向快乐的教育形式，更是老师在教育学生的过程中，一种心灵上的满足感与幸福感。

让学生愉快地接受批评

——德育工作管理案例

詹嘉琪

一、背景

刚刚踏上工作岗位时，最令我头疼的是怎样和学生进行有效的沟通，尤其是对学生犯错时的批评：学生娇气、个性十足，加上青春期自尊心强，批评不当会带来反效果，甚至造成师生关系恶劣。偶然间，我看到了管理学中的"肥皂水效应"，受到启发。

二、肥皂水效应的来源

这是由美国前总统约翰·卡尔文·柯立芝首先提出的。约翰·卡尔文·柯立芝于1923年成为美国总统，他有一位漂亮的女秘书，人虽长得很好，工作中却常因粗心而出错。一天早晨，柯立芝看见秘书走进办公室，便对她说："今天你穿的这身衣服真漂亮，正适合你这样漂亮的小姐。"这句话出自柯立芝口中，简直让女秘书受宠若惊。柯立芝接着说："但也不要骄傲，我相信你同样能把公文处理得像你一样漂亮。"果然从那天起，女秘书在处理公文时很少出错了。一位朋友知道了这件事后，便问柯立芝："这个方法很妙，你是怎么想出来的？"柯立芝得意扬扬地说："这很简单，你看见过理发师给人刮胡子吗？他要先给人涂些肥皂水，为什么呢？就是为了刮起来使人不觉得痛。"

三、我的思考

从这个管理学效应中，我反省了自己：缺乏教育经验的我，看到学生犯错便急切地想要他们改正，批评方式直接、粗暴，没有考虑到学生的心理特点，结果是两败俱伤：学生没有很好地改正错误，甚至和老师对着干；我自己也觉得很委屈。

如何让学生愉快地接受批评？这或许是我缺乏的管理技巧——将批评夹在赞美中，减少批评的负面效应。于是，我摸索着，也尝试将这一理论运用到我的教育实践中来。

四、案例

工作第一年，我任教初一，当时我带的班上课时总有两三个男生在下面说话，尤其是梁小杰、朱小昌（化名），上课总是动来动去，或者和后面的同学讲话，已有多位老师向我投诉。作为班主任，我也有同样的感受：每次上课都要停下来整顿纪律，然后在班上进行恶狠狠的批评，但是结果并不理想，反而影响了教学进度。我尝试和家长沟通，家长表示也没有办法："从小学开始，老师就一直投诉啦。"难道我要任其"发展"？

那天我走进课室，课没讲多久，梁小杰又开始蠢蠢欲动了，厌倦了批评，我突然心生一计，我故意当着全班同学的面对他说："梁小杰，假如你这一节课能坚持不动，认真听讲，下课后我就在黑板上表扬你，让你威风一天。"他马上来了精神，坐直了身体，后面的朱小昌也睁大了眼睛望着我。班上有些同学在笑，他有些不好意思了。我帮他解围："有些同学自制能力差，其实他们不是故意要说话的，而是管不住自己的嘴巴，他们也知道说话不好。对于这样的同学，我们要帮忙监督提醒他们，而不是笑他们。"

梁小杰坚持了半节课，快坚持不住（可以理解），有点要说话的苗头了。我赶紧在黑板上写"梁小杰生物课表现不错"，并趁势说："你已经坚持了半节课了，很不错，我提前在黑板上表扬你吧！假如你能坚持整节课都不说话，我就把'不错'改为'很好'。"他见状忍住嘴巴，继续听课！而朱小昌也不说话了，整节课可怜巴巴地望着我，乖乖听课，原来他也渴望表扬啊！

下课之后，我在班里"大肆表扬"，把梁小杰的"不错"改为"很好"，还叮嘱要保留一天！想起朱小昌渴望的眼神，我把他的名字也写上去了。这样，愉快地结束了一节课，不用批评，不用板着脸，真舒服。

那天晚上，朱小昌请求不要擦去黑板上的表扬语，因为第二天要开家长会，他想让家长看到老师对他的表扬，我同意了。在那之后，我又找他们俩进行了一次深入的谈心，并在班级活动中多去发现他们的闪光点。

渐渐地，各科老师对他俩的投诉少了，他俩上课也能集中精神了，成绩由班里的"尾巴"上升到了中等水平。

五、评析

对犯错的学生采取带表扬的批评，好比顺势而为，能产生一种加速度的作用力；相反，产生的则是阻力。无论什么样的学生都渴望被肯定。在这个案例中，我班的两个男生，本身自控能力弱，纪律差，长期被家长、老师否定和批评，甚至被同学们嘲笑，于是他们选择用违纪来引起别人的注意。其实，他们的内心也是渴望被表扬的！对于他们课堂上的违纪，我采取的不是直接正面的批评，而是利用他们渴望被表扬的心理，通过带表扬的批评去约束他们的行为，起到了很好的作用。

在日常的班级管理中，面对学生的缺点、失误以及小错误的时候，我认为更多地应该采取正面鼓励的方式，即使是批评，也要带着表扬的成分。这样，就可以把批评的约束功能转化为激励功能。当然，这并不意味着对学生的教育只是一味地表扬，不需要批评，面对重大错误时严厉指出并做相应的惩罚，使学生及时改正错误，还是很有必要的。

聆　听

黎丽萍

一、教育案例

"老师，你是我所碰到的最年轻、最优秀的高中班主任，谢谢你解开了我多年的心结，谢谢你原谅我女儿……"那天，手机嘟嘟嘟嘟地响，原来是王大叔的短信，他是我班学生小欣的爸爸。这条短信至今鼓励着我：我坚信，我是年轻的，虽然缺乏经验，但我也可以做得很优秀。因为年轻是我的资本，我了解学生、理解学生，我给他们更多的是关爱和自由发展的空间。我聆听学生的心声，也聆听家长的内心，使得家长与学生之间不可调和的矛盾能在我安静聆听的柔情下化解，从而改变学生，拉他们回正轨。

刚毕业踏上工作岗位，我就接管了高一（8）班，正式开始了我的班主任生涯。小欣是班上一个皮肤白皙、眼睛大大、心灵手巧的可爱女生，学习成绩优秀，但后来一落千丈。经了解发现她和另一个班的男生早恋，于是学校通知了双方的父母前来商讨如何处理。晚上9点多，王大叔接到我的电话后，匆匆赶到办公室。

我没想到的是，王大叔的情绪异常激动，一来到办公室就拿出手机给那男生照了几张相片，而后狠狠打了他两巴掌，抓住他的衣服，边扯边说："你为什么要害我的女儿……"站在走廊另一边的男生家长看到孩子被打，连忙跑去破口大骂："你凭什么打我儿子，你女儿没错吗！"

听到这话，王大叔更是气冲冲地跑到女儿前，揪住她的衣服，边哭边骂："我对你这么好，你为什么不好好读书？你想谈恋爱，那就结婚，不要读了，班主任也不会让你回来，你也没脸回来，要不我杀了那男生，然后和你一起死掉算了，不要丢人现眼的……"然后松开衣服，死死抓住了小欣的脖子。而小欣只倔强地哭着，用力咬着嘴唇，一声不吭。

站在办公室门口的我，看到他如此激动，还喊打喊杀喊死的，顿时愣住了，不知该怎么做，心想：他会不会把我也打了？但灵魂深处告诉我，不能慌，不能怕，因为我是小欣的班主任，我要帮助她，保护她。于是我冲上去，试图拉开小欣父亲的手，不让他紧紧抓住小欣的脖子。谁知道他一把推开我，更加激动："老师，你不要对她这么好，就让我们去死好了。"说完便把小欣推到墙边，握住拳头，准备打下去，我一下子扑过去，紧紧抱住小欣，我感觉到小欣在颤抖，我慢慢转身，他的手停留在半空中，"老师……"小欣父亲喊了一声，蹲下去，情绪才开始平静下来。

"叔叔，你放心把女儿交给我，我们听她说说心里话，好吗？谁都会有犯错的时候，更何况她还只是个孩子，你先别气。"我拉着小欣到走廊尽头，轻轻拍着她："别怕，没事的，有老师在，你爸爸只是太爱你了。你也是爱你爸爸的，不是吗？"眼睛里满是泪水的她突然抱着我抽泣着低声说："老师，我怕他，我爸爸会打死我的。""别怕，有老师在，别怕，你告诉我为什么要这样做，和他一起，你心里是怎么想的，好吗？"小欣，她似乎因为刚才的状况吓呆了，好像只剩下我一个可信的人。这一刻，她向我打开了她的内心世界。她说了很多很多，说父母对她管教过严，她想通过另外一种方式来得到某种解脱和关爱，但其实她也意识到早恋是不应该的。

接着，我以自己的经验告诉她每个人都可能会有的青春萌动，只是要懂得该怎么取舍，并且告诉了她早恋的危害，最后，我对她说了一句："我给你时间自己想想，好吗？想好之后告诉我你是想好好读书，重新做一个品学兼优的好学生，做你爸的好女儿，还是想继续和他一起。你自己选择。"没有任何人可以强迫谁做任何事情。

我走到王大叔面前，看到他一个人在哭。"叔叔，你别激动，每个孩子都有犯错的时候，我们应该给她机会，给她关爱，给她成长的空间。"刚才情绪有点失常的他似乎把我的话听进去了，这才真正冷静下来，并向我道歉，为他女儿的事，也为他刚才的失态。"小欣说觉得父母对她管教过严……"我说。于是他说了他自己的故事。原来他把自己一生的希望或者说遗憾，都寄托在他女儿身上：他小时候家里穷，没读过书，他觉得自己是个没文化的农民，一辈子不能出人头地，也没敢追求年轻时所爱的人。于是他把这些遗憾都寄托在女儿身上，希望她好好读书，将来找份好工作，找一个相爱的人，过上幸福的生活。听到女儿不好好读书，一时间他激动得不能控制自己。最后，他再次为刚才的失态向我道歉并感谢我做了他的聆听者，这么多年，他从来没对谁说过心里的遗憾。

我把他的话转告给小欣，小欣哭了，并告诉我她已经有了决定。小欣走了过去，父女俩拥抱在一起。我没听到她开口说话，但我知道，他们都明白了对方。"老师，谢谢你，你不仅仅帮了我女儿，还解开了我多年的心结。谢谢你……"

刚才被小欣父亲推开时撞到了门框上，胳膊很疼，现在才发现。不知什么时候开始，手脚不抖了，心也不慌了，还把事情处理好了。虽然知道，对于学生来说，我很年轻，就像姐姐；对于家长来说，我也很年轻，就像他们的女儿，但我把事情化解了，我做了他们的聆听者，让他们有时间思考，有机会改过，有权利选择。

那天晚上11点多，我才骑着自行车回小区，夜很静，我很累，但很快乐。王大叔，你的女儿会为她自己，也为你而努力的，相信她的选择，你的遗憾不会再成为下一代人的遗憾。

二、反思与分析

每个学生都是一粒种子，每个家庭都是一方土地，当种子在土地中孕育时，无法知晓哪一寸土地上的哪一粒种子可以长成参天大树。但只有它们绽出新芽，并在阳光雨露中依靠各自的方式努力生长，才有可能成为大树。作为班主任，我其实是一个普通的园丁，园丁的工作可能就只是疏松土壤，浇水施肥，使得这片土地更好地给种子以养分，使得这粒种子更好地吸收养分，茁壮成长。班主任的这一桥梁工作看似简单，但也复杂，在这复杂的桥梁工作里，我觉得，很重要的一个手段是聆听，聆听家长的内心，聆听学生的内心。

有时候，静静地聆听比起一味地说教来得更有效。电视里曾经播出过这样一则公益广告：一个孩子面对来自爷爷、奶奶、父母、老师的喋喋不休的指责，发出了这样一声感叹："你们可以听我说吗？"孩子的眼睛里充满了哀怨，这个画面对我产生了相当大的震撼。作为一名教师，我站在教育者的角度来反思，发现在平时的教育中确实存在一些问题。教育的目标是培养人，教师在这个过程中主要起着引导的作用，而教师能否走进学生的内心世界，是其成功与否的关键。那如何才能走进学生的内心世界呢？一个重要的途径就是要学会用"心"去聆听学生的心声。伏尔泰说过，"耳朵是通向心灵的道路"。

西方有一句谚语：上帝给我们造了两只耳朵一张嘴，为的就是要我们多听少说。然而，在现实生活中，有的人却正好相反，是听得少说得多，尤其是教师，如果说得多、听得少，会给自身的工作和学生的健康发展带来一定的负面影响。

在刚才的事件里，我做出两个假设：

第一，假如我心慌意乱，不能耐心地聆听学生的心里话，学生可能会觉得老师和家长是"一伙的"，只想拆散她和"男朋友"。结果，学生因叛逆在早恋这条路上越走越远。

第二，假如我被家长的一时激动吓坏了，不能试着聆听家长的心里话，就无法解开家长的心结，无法明白这么多年他为什么对女儿管教如此严，也就无法得到学生的理解，双方就无法得到沟通和原谅。

确实，教育本身就不是一件简单的事情，其复杂性在于学生的成长有几大环境，一个是家庭环境，一个是学校环境，一个是社会环境。而作为班主任，如果在教育的过程中，只是为了达到某个目的而孤立地去教育学生，一味地说教，这会导致事倍功半。比如，班主任为了达到不让学生早恋这一目的，一味地给学生讲道理，讲危害，讲处罚，学生就真的会按照我们所说的去做吗？或许，他们会更叛逆地选择去尝试。我们只有能聆听这些有早恋倾向的学生的心里话，再观察和聆听家长的教育方式或者他们的心里话，把两者的关系处理好，或许才能真正把学生拉回正轨。

聆听是一种容纳、尊重，聆听是一种认同、欣赏，聆听更是一把钥匙，一把打开学生心扉的钥匙。这把钥匙能沟通师生与家长之间的思想感情，消除互相之间的隔膜，达到教育的目的。做一个会聆听的班主任，事半功倍。做一个善于聆听的班主任吧，走进家长的心里，走进学生的心里，做好家长与学生沟通的桥梁，从而达到更好的教育效果。

破茧成蝶

林莲英

我出生在农村，父母平时忙于农作，无暇顾及我的学习，我之所以有今天的成就，除了要感谢一直默默用行动影响着我的父母，更要感谢不断鼓励和赏识我的老师。正因如此，当一名人民教师便成了我的志向。

2007年8月，我光荣地成为一名初中数学教师并担任班主任。初出茅庐的我以为教好学生就是让每个孩子三年之后能考上好的高中，有一个好的前程。于是我想尽一切办法狠抓成绩，经常对学习成绩不理想的学生严加管教，总恨铁不成钢。原以为我的真心付出可以唤起孩子们拼搏的动力，但事与愿违，我管得越紧，孩子们离我越远。我百思不得其解，直到班上一个学生小志的一句话让我顿时醒悟过来。

小志是一个聪明活泼的孩子，成绩处于班里中下游，课堂上经常开小差，课后作业也不认真完成。以他的智力完全可以学得更好，可不管我怎么骂他，他的成绩不仅没有提升反而一路下降。对于他，我只能哀其不幸，怒其不争！有一天早读我发现小志在打瞌睡，我走过去说："小志，认真读书！"他揉了揉鼻子，勉强挺直腰板读起来。过了一会儿，我发现他又打瞌睡了，这次我火了："叫你认真读书你还睡，你来学校就是为了睡觉吗？看你那成绩！"这次小志不但没坐好，反而不屑地瞥了我一眼直接趴桌子上了。看到他如此无视我的教育，我心中燃起怒火，把他叫出教室，压低声音对他说："小志，老师批评你也是关心你，想你好啊，你怎么就不理解呢？""你关心的只是我的成绩，我内心的感受你知道吗？成绩成绩，在你心里只有成绩，班里其他同学都对你有意见，只是他们不敢说而已！"我一下子愣住了，心开始一阵阵地抽痛，想不到这一年来辛苦的付出得到的却是这样的回报！每天早出晚归，连早餐都顾不上吃就跑去学校，我为的是什么呢？我强忍住就快涌出来的眼泪叫小志先回教室。

我拖着疲惫的身子回到办公室，脑子里总浮现出刚才小志那满脸委屈与不满的表情，也许我在学生心目中的形象就是小志说的那样。这一年来，我只顾低头拉车，却忘了抬头看路。我对孩子们何曾不是严厉苛刻，却无视他们那受伤的弱小心灵。我经常对他们施压，却从未倾听过他们的心声。我这么拼命地做，难道就只为提高他们的成绩吗？难道成绩比学生的健康成长更重要吗？我不断地反问自己。

下课后我找来小志，对他说："小志，对不起，老师不该忽略了你们的内心感受，以后我会注意的，你是个细心聪明的孩子，老师和你一起努力，好吗？"小志开心地点点头："老师，其实我今天是因为吃了感冒药很疲倦才打瞌睡的。"这时我才发现小志那被擦得发红的鼻子，更觉愧对这么天真无邪的孩子！

之后，我不再用成绩去衡量孩子们，而是放低身段走到他们当中去，多倾听、善引导、多关注、善发现，采用他们接受并喜欢的教育方式。渐渐地，我发现孩子们变得更加乐观自信、积极向上，我的教育方向也变得更加清晰明确。

因为我的倾听、我的改变，渐渐地我走进了孩子们的心灵。教师节那天我收到了一个大惊喜，孩子们为我送来了一束他们亲手制作的花，花中夹着一封信，信上写道："献给全世界最好的班主任——忘不了校运会上其他老师坐在树底下乘凉，而您却顶着烈日跟着我们到处跑去给运动员加油，还特意留到最后才走，为的是能第一时间告诉我们接力赛的名次；忘不了您利用周末休息时间给我们辅导；忘不了那次的全班集体吵架，夸张到惊动您来调节，我们都哭了。或许是我们都太执着了，但这更让我们珍惜有彼此的日子，即使在三班逗留的时间只剩仅仅两年；忘不了我们这班调皮捣蛋鬼经常给您带来的麻烦……"此刻深受感动的我早已热泪盈眶。

在班主任工作中，我们在低头拉车的同时，莫忘抬头看路，只要胸怀大志，腹有良谋，一切奋斗都不会枉费苦心。教育不能带有半点功利、半点浮躁，不能只关注学生的成绩，更应关注他们的品质和心理健康，给予孩子一米阳光，让他们健康成长。作为一名普通的班主任，我要和孩子们一起清除前进路上的障碍，共学习，同成长，破茧成蝶！

慧，能春风化雨

——学生L的转化故事

马莹莹

一、案例

一天，我正在办公室批改作业，一个学生十分着急地跑进办公室，说："老师，不好啦，L同学刚才情绪很激动地对着老师和同学在哭闹，现在一个人不知道躲到哪里去了。"听到这个消息，我马上去寻找这个孩子，终于在四楼的男厕所内找到了他。

此时，L的情绪依然很激动，一边哭闹一边拍打厕所的门。我赶紧上去抓住他乱打一通的双手，以免他伤害到自己和他人，同时把他用力拥入自己怀里，说："孩子，你怎么啦，你知道马老师平时对你是最好的，有什么事你告诉我，来，这个地方很脏很臭，我带你回去。"我反复说着同样的话，努力使他的情绪稳定下来。在我的及时抚慰和再三劝说下，他虽然还是哭闹着，但我感觉他已经慢慢消除了对外界的抵触，至少，从他虽有点不情愿但是已经慢慢跟着我移动的脚步可以看出他慢慢冷静了，就这样，他半不情愿地被我拉着带回了办公室。

我让他坐下，同时拿来纸巾帮他擦掉脸上的泪水。"孩子，哭是不能解决问题的，你看看，你可爱的小脸蛋都哭花了，有什么事情跟我说好吗？"孩子的哭声已经越来越小，我继续帮他擦着泪水，过了一会儿，他终于平静下来了，但是无论我怎么跟他说话，他依然沉默不语，不愿开口。

"你放心，无论什么事情，老师都会尽最大的努力帮你解决问题的，但首先你要愿意说话，只有你表达出自己内心的想法，我才能帮助你公正地处理。"在我再三的说服下，这个执拗的孩子终于开口了。我又找了任课老师以及班上的学生进一步调查事情的真相。原来，课堂上他在玩卡片，任课老师提醒他收起来但他不听，坐在他前面的机灵的班长就伸过手把他的卡片没收了，而这个卡片是他心爱之物，他没有控制住自己的情绪，就一边抓着老师哭闹一边推倒了周围过来劝解的同学。

于是我帮他进行了分析。一开始这个孩子执意认为自己没有错，所以才产生一种强烈的反抗心理，没有意识到课堂玩耍是违反纪律并且影响自己和他人学习的一种行为。我引导他认识到：

（1）课堂是有纪律的地方，不是任性妄为的地方，老师没收是为了帮助他和同学们都能够专心地学习。

（2）当我们遇到事情的时候，我们要学会控制自己的情绪，不做伤害自己和他人的事情。

（3）做错事不可怕，只要勇于承认错误，承担责任，就能成长。一方面我要求他为自己的冲动行为真诚地向同学和老师道歉，另一方面要求他对厕所损坏的门进行赔偿。由于他认同我的教导也意识到自己的错误，在我的陪同下，他真诚地对任课老师和全班同学做了道歉，大家也都愉快地重新接纳了他。

之后，我又找了任课老师，提醒他们，这个孩子自尊心较强，情绪易怒，以后教育的时候要避免刺激他。表面上看，这场风波似乎平息了，但我意识到，这个孩子如此过激的行为，肯定不能单靠老师教育，我有责任告知家长，请求得到家长的共同教育。当我心急火燎地把发生的这一切告诉L的家长时，却发现他家长的态度异常冷静。原来，像这样的情况，在家长眼里早已习以为常。他们告诉我，他们现在管不了这个孩子，之前在家里也发生过相同的情况，如果拿走了他的心爱之物，他就很容易受刺激，做出冲动的事情。

L的家长一直以忙碌为由拒绝来校，但是在我的穷追不舍之下，还是来到了学校。通过访谈我了解到，L的爸爸长期游手好闲，对孩子疏于管教，而妈妈要支撑一家人的生活，每天早出晚归。因此L无论学习还是生活，基本都是由爷爷奶奶照料。爷爷奶奶的管教方式简单粗暴，孙子稍有不听话，小则一顿没完没了的唠叨，大则一顿暴打。另外，L有个20多岁同父异母的哥哥，有暴力倾向，一旦有什么看不顺眼的，就对L一顿拳打脚踢，哪怕当着全家人的面也是如此。

我断定这是一个问题家庭的孩子。我给他的家长提出了自己的建议：①辛苦工作也是为了孩子过上好生活，但孩子的习惯养成一刻不能耽搁，不要错过孩子成长的关键期，因此L的妈妈答应我以后晚上抽出时间亲自带孩子，关心孩子的学习和生活状况。②这是一个缺乏安全感的孩子，家长要尽力给孩子营造安全温暖的家庭环境，更要防止L的哥哥对他再一次进行人身伤害。③多鼓励和引导孩子，改变过去粗暴的不讲究方法的教育方式。④家长是孩子的第一任老师，孩子不听管教，请家长思考自己是不是对孩子太过放任自由。⑤由于孩子情况比较严重，今后我会不时跟她沟通，请家长做好跟我经常沟通的心理准备。

此后，L再也没有发生过类似的过激行为。另外，由于家长教育方式的转变，L变得越来越阳光开朗，越来越愿意跟别人说出自己的想法。学习上，老师也取得了他的信任，学习也比以前认真了。

二、教学反思

陶行知说过："培养教育人和种花木一样，首先要认识花木的特点，区别不同情况给以施肥、浇水和培养教育，这叫'因材施教'"。L来自于问题家庭，他的情况较之其他学生更为复杂，时时刻刻在考验着为人师者的教育智慧，因此需要教育者有更宽广的胸怀，更深厚的关爱和耐心。在对待L的案例中，之所以能够取得阶段性进展，我认为可归功于在教育过程中遵循的以下四大原则：

1. 尊重性原则

尊重是真诚沟通的基础。"只要我们没有情绪，是帮助孩子的心，真爱孩子，时时保护孩子的羞耻心，给孩子留下尊严，即使处罚了孩子，孩子也没有怨，他会很感恩，甚至会更努力地改缺点。"肖陈颖在《爱心伴孩子成长》一书中如实说道。在L的转化过程中，我采用观察法和实践检验法，证明了他是一个自尊心比别人更为强烈的孩子，任何伤害他自尊心的行为，都会使他产生严重的逆反心理，从而刺激他的过激情绪和行为的产生。苏联教育家苏霍姆林斯基也说过："能否保护和培养一个学生的自尊感，取决于教师对这个学生在学习上的个人成绩的看法，不要向儿童要求他不可能做到的事。"由于L的父母长期疏于管教，因此L各科成绩都很差，于是我对L降低了学习要求。每一次考试，如果他考得不好，我不会公布他的成绩，而是帮助他分析考试失败的原因，在讲解完后再找一张新的试卷让他做，当他第二次做完我再给他打分，这一次他就能够体会到进步的乐趣。而如果他考试稍微有一点点进步，我则放大这种进步，在班上大力表扬，告诉大家他是个努力的孩子。由于我保护了孩子的自尊心，孩子也变得非常配合。

和L家长的沟通也同样要讲究尊重原则。虽然我内心知道家长没有尽到对孩子该有的管教责任，但每次打电话，我依然对她所处的窘困的生存环境表示理解，肯定了她为了给孩子创造美好生活所做出的挣扎和努力。由于有了这一层认同感，和家长的沟通变得很顺畅。另外，一旦孩子有所进步，便及时反馈给家长，也表扬她对孩子的付出。受表扬的家长，也如同孩子一般，干劲越来越大。因此，我们无论在跟孩子还是家长的沟通中，都要首先把"尊重"二字放在第一位。

2. 关爱性原则

关爱是情感联络的纽带。苏霍姆林斯基曾说："一个好教师意味着什么？首先意味着他是这样的人，他热爱孩子。"

有一次在语文课上，L突然站到窗户边，双手抱着自己的身子，眼睛望向远方，我让他坐下，他没有任何反应，就是一直站着。我有点措手不及，但是转念一想，告诉自己不能一味地生气。于是，我耐心地问："你能不能告诉老师，你为什么要一直站着呢？"他沉默。我继续说："我们有想法一定要说出来，这样别人才能理解。"L终于开口了，他说他觉得很冷，站着就没那么冷了，而且他要站够5分钟。"你这个傻孩子。"我注意到他今天确实穿的很少，笑着摸摸他的脑袋，同时转身问班上的学生："有没有同学有多的外套愿意借给他御寒的？"热心的同学们争先恐后地要献上自己的关爱，L终于披上了一件厚厚的棉袄坐下来了。"还冷吗？要是还冷，我办公室还有一件外套。"L害羞地摇头。这时，我发现他的脸上竟然泛起一层薄薄的红晕，兴许是太温暖了，兴许是他一下子受到老师和同学这么多的关爱，有点不好意思呢！那一节课，L听得特别认真，而我也庆幸，在L做出常人无法理解的行为时，我没有暴跳如雷，而是能够多问一句为什么，用关爱给他寒冷的心送上了温暖。此后，我们的心仿佛靠得更近了，L虽然还是经常会有很多常人无法理解的行为，但每当我问他，他已经愿意开口跟我表达出自己内心的想法了。这件事在别人或许很容易做到，但是对自尊心强、性格执拗、内敛的L来说，已经是一种很大的跨越了，我不禁为此感到十分欣喜。

3. 引导性原则

引导是师德智慧的体现。教师引导得当，学生更易具有向师性。有向师性的孩子，才能从内心真正服从教师，教师也才能以此建立自己的威信。L有一次就给我出了个难题，大课间的时候一定要站到最后，可是L的身高在全班是中等偏矮的，如果同意这样站队伍就不整齐。在我为难之时，梁老师的一句话点醒了我："老师也要懂得转弯，对待个别学生，有时候要学会适当让步。"我对L进行引导，并且和他约法三章。我告诉他，本来队伍必须按高低排列，但既然你这么喜欢站最后一个，我可以做出让步，但是你必须保证以后排队都要快、静、齐，站最后一个也要认真做操，如果你做好了，就可以一直站后面，但如果你做不到，那对不起，我就不能再给你机会了。L其实是个聪明的孩子，老师在引导的时候说得在理，因此他从内心认可，后来排队一直很规矩。

4. 鼓励性原则

鼓励是学生实现自我价值的催化剂。要真正了解一个学生，就要走入孩子的内心。偶然，我在L的日记中了解到，他也有希望得到老师、同学和家长认可的强烈凤愿，并且很有集体荣誉感，希望能够在比较擅长的体育项目上为班级增光添彩。薛瑞萍说："好孩子都是夸出来的。"因此我发现了L的闪光点并且放大它。我观察到他一个学期以来，别的学生常常因为忘记戴红领巾、校卡被扣分，但是他从来不会忘记，因此我在班上大张旗鼓地夸奖他，并且让全班同学以他为榜样。另外，他很讲究个人卫生，桌子底下从来都是干干净净，于是我把他任命为卫生委员。体育节时，我又让他参加了200米短跑，他夺得了全年级第6的好成绩。这是他入学以来拿到的第一个荣誉，极大地鼓舞了他。在这个过程中，我通过"发现优点——给予机会——鼓励参与"，给了在学习成绩方面很难找到任何成就感的L一个在其他事情上实现自我价值的平台，借着对老师的喜欢，他在学习上也愿意多下功夫了。这也符合我校慧心教育中的"慧"的内涵，即"价值智慧""理性智慧"和"实践智慧"——"求善求美""求知求真""求实践行"三个阶段。

三、进一步转化的探索

L的成功转化有了阶段性的进展，但仍有一定的不足。另外，由于学生的身心发展变化具有间断性和反复性，在L后续的转化探索中，我认为应当注意以下几个问题：

（1）如何更紧密地进行家校合作，发动问题家庭的家长持续地关注孩子的学习情况？

（2）如何在保护学生自尊心的前提下，做到恩威并施？

在小学德育中实现慧心教育有很多需要努力的地方。孟子说："爱人者，人恒爱之；敬人者，人恒敬之。"金隆小学的"慧"，遵循的是"以慧启慧，以心育心"，这种"慧"，无不在强调师生双方相互引领、教学相长的作用。为人师者，应把"慧"字铭记在心，帮助孩子真正成长为一个"博爱、乐学、健康、笃行"的慧心儿童，让"慧"春风化雨！

参考文献

［1］李明秋.以慧启慧、以心育心——金隆小学慧心教育的办学实践与思考［Z］，2016.

［2］苏霍姆林斯基.给老师的建议［M］.北京：教育科学出版社，1984.

［3］肖陈颖.爱心伴孩子成长［M］.北京：北京出版社，2013.

［4］薛瑞萍.薛瑞萍班级日志［M］.桂林：广西师范大学出版社，2010.

［5］金隆小学.广东省广州市南沙区金隆小学建"慧心"校园育"慧心"儿童［J］.中国德育，2013.

爱要亲密有间

张玉梅

那一年，我第二次当班主任。那时的我，踌躇满志、信心百倍，相信凭着自己的热情及爱心，一定会把班主任工作做好。然而，他告诉我，过度的热情和爱心，有时是"多余"的。

他，外号"暴龙"，一个有着灿烂笑容的男孩，阳光、积极、号召力强，在入学的第一天，便给我留下了深刻印象。尽管"人如其名"，暴龙偶尔会显露出性格中急躁的一面，但还是很快就被推选为班长。他每天见到我都会露出招牌式的笑容，把每项工作都安排得井井有条。那时的他，似乎浑身上下充满着力量。我很庆幸自己有这么一个得力助手。

但一切都从那天晚上开始发生了改变，他在电话里焦急地和我说，自己闯祸了，带头醉酒闹事，而且还踹坏了宿舍大楼的玻璃门。我当即严厉地批评了他，语气中难掩心头"恨铁不成钢"的失望，接着暴龙便无声地挂掉了电话。后来，学校也严惩此事。看着在校会升旗台上检讨的暴龙，我又禁不住替他担忧起来，他这个年纪，承受得了这样的挫折与压力吗？

此后，班里对暴龙的各种窃窃私语越来越多，他脸上的笑意也一天天地减少。我找到他了解情况，原来，他身为班长却违反了校规，觉得无颜面对班里的同学，于是心理的压力导致了失眠。为了走进他的内心世界，我没有再通篇大道理地去说教，而是与他分享了自己的亲身经历，告诉他，人谁无过，知错能改就好。同时，我陪着他把他的每一个担心都写出来，并写好解决方案、所需时间等信息。最后，他向我会心一笑，似乎开朗的暴龙同学回来了。

接下来的一周，我坚持每天与他谈心，以为他在我无微不至的关怀下，能迅速地好转。但令人沮丧的是，暴龙的失眠情况更加严重了，最后竟然查出了轻度抑郁，而且还产生了"破罐子破摔"的心理。

那天，我又一次把他叫到办公室，他显得那么疲惫不堪，软弱无力，还向我提出辞去班长一职，甚至萌生了退学的念头。想起他之前阳光的笑容，心痛之余，我彻底困惑了，为什么经过我的教育，暴龙的情况反而更糟？是我的过度关心、过度紧张给他施加了压力吗？

彷徨之中，我找到了年级长，他意味深长地说："这可能是你管得太认真了。"顿时，我心里一震，感觉找到了方向。经过一番思考挣扎，我决定放手，接受他辞去班长的要求。之后，表面上我没有再去找过他，但其实我仍在暗地里关注着他，不动声色地与班中不少学生谈过话，让他们转变思想，重新接纳暴龙。我还与其他老师商量，在课堂上找多点机会让暴龙发挥，使他可以重拾信心。这样，或许可以让暴龙有更多的空间来放下心头的包袱，缝合自己的创伤。

果然，他的脸上慢慢露出了笑容，期末考试也进步了不少，并且带领我们班取得了年级篮球赛的冠军。重新走上升旗台的他，向我露出了自信的笑容，我知道，他终于走出了心理阴影。

班主任对学生，无疑要充满爱，但是在高中阶段，我们更应该给予学生信任与放手，让他们自己去面对、去思考、去沉淀。爱，是亲密的，但更需要距离。有时过分呵护，反而揠苗助长，有时急于求成，反而适得其反。面对着学生这一个个青春的花蕾，如果攥得太紧，很容易把娇嫩的花瓣折损，爱他，就请"松松手"吧！

重拾自信，重新精彩

——我和学生的教育故事

袁小苑

　　叶圣陶先生说："教育是农业而不是工业。"意思是说，教育就像农业一样需要一个缓慢的发展过程，需要一个很长的生长周期，而不能像工业那样批量生产，迅速出炉。教育潜能生，就得像农民那样用心栽培，不能心急，更不能揠苗助长。

　　对于潜能生，我们不要轻视他们，看不起他们，而要亲近他们，团结他们，鼓励他们前进，要用满腔热情地关怀，让他们感受到老师的真诚。这对于潜能生来说尤为重要。

　　记得接触过这样一个学生，他叫小辉，平时对于批评教育反应强烈，有抵触情绪，在班级里也没有什么要好的朋友，平时自称"上网高手"，经常流连于网吧，上课时总是一副爱理不理的样子，课本也不愿打开，甚至有时自顾自地写些东西、做小动作，该完成的作业全凭心情，心情好就做，不好就不做，因此成绩很差。科任老师拿他没有办法，而我也很头疼。

　　后来，与年级长的一次闲聊给了我启发：何不利用他电脑技术好的优点呢？于是，我交给他一个小任务，帮班主任打印一个主题活动方案。想不到他一口答应，并花心思设计了标题、字形，还巧妙地穿插了图案，效果挺不错的。在开展主题活动时，我在全体同学面前展示了他的功劳，并感谢他为班集体出的力。不经意间，他脸上流露出了一种不易觉察的满足。这不经意的一试，竟收到意想不到的教育效果。从那以后，他上网吧的次数逐渐减少了，重新过上了较为有规律的生活。

　　然而，有一天，让人头疼的事情又发生了。那天，他又没有完成作业，对于任课老师的批评，他态度恶劣，出言顶撞，还爬围墙出去了。无奈之下，我给他父亲打了电话，说明了情况。快放学时，他回来了。我没有责备他，只是说："回来就好！我刚给你爸爸打了电话，他很担心你！"听到这里，他的眼眶有点红了，激动地说："他关心过我吗？我不想回那个家。"等他心情稍稍平静了些，我真诚地对他说："能把你的心事讲给我听吗？"犹豫了一下，他说："其实家里的事我从来没和任何人提起过，想起来就难受。我常年待在奶奶家，爸妈每天很早就出去了，很晚才回来，我几乎都见不着他们的面，我与爸妈存在隔膜，无法沟通。"说到这里，他眼睛湿润了。我什么也没有说，只是默默地递给他纸巾，拍了拍他的肩膀。此时我又能做什么呢？任何宽慰的话都显得那么苍白。

后来我带着小辉到了他家，当着家长的面，我让小辉向父母说出为什么表现出和父母格格不入的姿态的原因。我提醒小辉父母要注意亲子教育，孩子非常在乎父母关注他们的成长，虽然表面上父母与孩子常年在一起，但彼此间缺乏沟通，大多数父母都是以忙为理由，忽视亲子教育。小辉父母答应以后多关怀孩子、多沟通。经过这一次家访，他真正得到了父母给予的爱。

2016学年新学期开学，面对新的班级，我照常开展班级工作。班上有一个学生名叫小敏，是一位女同学，我发觉她脾气古怪，对什么事都特别冷漠，与老师、同学都很少交流。我和她交谈时，她头一直低着，不吭一声。直觉告诉我，这个女生有些自闭的性格。

在某天下午，我把她的父亲请到学校。从孩子的父亲那里，我得知了小敏的家庭情况，母亲没正式工作，父亲靠打零工赚钱养家，家庭生活很困难。小敏从小不善与人交往，性格内向，内心敏感而脆弱，逆反心理很强，经常与家长发生争吵，家长多说两句，她就跟家长急，所以家长基本上没有跟她真正沟通过，交流过。

后来，小敏的情况更严重了，上课时精神恍惚，经常走神；下课时从不离开座位，经常把头埋在书桌上，自我封锁。偶尔还会有异样的举动，双手紧紧地握着，精神非常紧张。面对这样的情况，为了调整她的心理压力，我多次与其父母沟通，建议他们多带孩子到一些公共场所去活动，可以带她去散心、去散步，鼓励孩子到人多的地方去，多与她沟通，每周花半小时让她说说在学校发生的事情，家庭中也要创造一个宽松、活跃的氛围。

由于小敏内心很孤独，很渴望与同伴交流，因此我私下里让一些比较乖巧的女生主动去陪她聊天，还找了一个乐观热情的学生与她同桌，希望这样能及时帮助她解决学习上的困难，由此让她感受到集体的温暖。同伴的友善慢慢地消除了她内心的自卑等不良情绪，让她感觉自己和别人一样。在与同桌交往的过程中，她也懂得了热情助人是可以赢得同学喜爱的。潜移默化中，小敏迈出了人际交往的第一步。

越是心理有障碍的学生越敏感，他们有着强烈的自尊心，有自己独特的思想。对待小敏这样的学生，要求教师走进他们的内心世界，从而使他们发生改变。在一次次的交流中，我本着真诚和尊重，想方设法做好小敏的心理辅导，鼓励小敏宣泄心中的苦恼，并表示理解她的心情，不断地安慰她，教育她善待自己，内心的压力完全来源于自己，纯粹是自己想得太多，要顺其自然，不要去刻意地苛求什么，做自己情绪的主人，这样就会过得轻松、快乐。在心理辅导过程中，我通过激励的方法，让小敏进行自我暗示，如"没关系""我能行""我感觉不错"，循序渐进地帮助小敏树立交往的自信，并对自己进行自我调节，减轻心中的烦恼和困扰。

一位英国评论家说过："他用全部的精力追求了世界上最简单、最普通的东西，这就是太阳。"我们也一样在追求世界上最简单、最普通的东西，这就是爱！对于潜能生，只要给予他们更多的爱，他们就会重拾自信，重新精彩。

教育，就是守候花开

马莹莹

　　对于教师而言，我一直认为最幸福的事情就是陪伴！陪伴孩子成长的每一个步伐，对所有的个体差异都能了然于心，明察秋毫！这就好比你亲自购买并养育了一盆花，你深知它们潜藏着无限蓬勃的生命力，你渴望探究它们生命成长的奥秘，于是你每天给它们浇水、施肥、锄草、捉虫，你的点滴付出让你很踏实，所以你并不急躁。这，便是一种静待花开的感觉！

　　班上的男孩子活泼可爱，精力旺盛，每天能够想出各种玩乐的点子。这天，一个男同学报告说："老师，又有同学趁你没注意偷玩游戏卡了！"学校一直明确规定禁止学生带任何玩具回学校。可这一阵子，我总能看见三三两两的学生，一下课就趴在地上玩游戏卡，这姿势，不好看不说，细细一想，可能还带有一点类似赌博的性质，如果纵容下去，后果不堪设想……我意识到这可能会带坏一个班级良好的班风，决定严令禁止。考虑到学生成长过程中品德发展的阶段性和反复性，我不厌其烦地三令五申，告诉他们不能带游戏卡回来。但却屡禁不止，收效甚微，往往这两天强调了，学生收敛了，过了几天，就又出现了。莫非是我强调得不够？莫非我在定规矩之外再加一点惩罚会更好？我很努力地去帮助学生纠正一些不好的习惯，但此时却感到力不从心。

　　恰逢此时学校举办班主任技能大赛，王主任和师父都在班主任群中温馨提示道："也许比赛会给老师带来一定的压力，但如果老师们能够把参赛当成一种提升班主任专业技能的锻炼机会，好好梳理和学习教育教学理论，那么这个比赛就非常有意义了。"于是，我把准备比赛当作一次用心沉淀的机会。最后，我在比赛中获得了一等奖。这让我对自己的班主任工作更有信心。于是我结合自己在观摩和参赛过程中向各位同事学习到的宝贵经验，重新思考、审视和处理了班上学生玩游戏卡这件事。

　　这天我来到班上，对学生们说："同学们，正所谓'无规矩不成方圆'，咱们班一直有非常明确的规定，禁止带任何玩具来上课。你们知道为什么吗？"孩子们一脸茫然。"每次下课，马老师都能看见玩游戏卡的小朋友匆匆忙忙趴在地上，首先，这样的你看起来真的很不好看，我真为你着急！其次，下课15分钟的时间非常有限，它是给你们大脑休息的，这段时间，你们要完成喝水、上厕所、做好课前准备等事情。如果你一直玩游戏卡，那么就会让你的大脑在下课也无法得到休息，还因此错失了和同学沟通感情的机会，久而久之，恶性循环，你身边的同学会越来越少，上课精神会变差，听课效果也不好。"讲到这里，我看见几个玩游戏卡的同学面有愧色地低下了头，于是我继续说："马老师不怕你们犯错，但我会更欣赏犯错之后勇于承认错误、承担责任的孩子。现在，老师再给这些同学一次机会，如果你真的认识到了危害，请主动把卡片交给我，我不会怪你们。"一开始，一阵沉默，接着，一个、两个、三个。慢慢地，几乎所有带游戏卡的学生都心甘情愿地交上来了，看到这一幕，所有的同学面带笑容，自发给了他们热烈而持久的掌声。而且从此以后，我再也没看见有学生玩游戏卡。这让我很欣慰，既欣慰孩子们的懂事，也欣慰自己采取了正确的教育方式，在孩子们做错事情的时候，我不再只是简单地对孩子们做要求，而是能够循循善诱，站在孩子的角度去思考，并且能够给他们改正错误、承担责任、自觉觉悟的机会。在此之后，班上的孩子每当发觉自己做错事了，都会主动跑来告诉我，请求我的原谅并且告诉我自己今后不会再犯。

教育，也许就是这样，你需要像守候花开一样，守候孩子们的成长，不拔高、不急躁，并且相信他们的自我教育能力。静待花开，最美的花需要守候，而最好的教育也需要等待！

用心换得"两相悦"

赖幼珍

"爱是教育的前提，没有爱就没有教育。"教师只有热爱学生，特别是尊重、爱护、信任学生，使学生真正感觉到来自老师的温暖和呵护，教育才富有实效。那些在学习、思想、行为等方面存在一定偏差的学生，我们称之为"问题学生"，他们往往被忽视、被冷落，殊不知，学生看起来最不值得爱的时候，恰恰是学生最需要爱的时候，错过学生的一个教育机会，没准就错过学生的一辈子。

在我接手的三（2）班里，有一个顺顺同学，课堂上喜欢搞小动作影响别人，下课追逐打闹，喜欢和同学动手动脚，有时用红领巾勒住同学的脖子，看见同学痛苦不堪，他就非常高兴；参加集体活动时，总是发出怪异的尖叫声；作业经常不按时完成，书写相当潦草，每天不是科任老师就是学生向我告状。于是，我找他谈话，希望他能遵守学校的各项规章制度，以学习为重，按时完成作业，争取做一个大家喜欢的孩子。他总是当时满口答应，事后又一如既往，毫无长进。看到这样，我心都冷了，认为或许他真的是根"不可雕的朽木"，但又觉得身为班主任，不能放弃任何一个孩子。于是我心一横：不转化你，誓不罢休。

为了改变顺顺的状况，我多了一份关爱倾注在他身上，经常跟他家长交流沟通，了解他的情况，希望家里能多给他关爱，尤其是思想方面的引导。在学校里，我经常以鼓励、表扬的形式来激励他，与他交流谈心，只要他愿意做的事，我都欣赏、赞扬、肯定。为了提高他的学习成绩，我特意安排几个责任心强、学习成绩好、乐于助人的同学坐在他周围，照顾和提醒他的日常事宜，让他感受到同学们的关心和帮助。在大家的共同努力下，顺顺同学各方面都取得了不小的进步。渐渐地，他的脸上多了一份灿烂的笑容，多了一份自信，也融入到了班级的大集体中，享受到了班集体带给他的温暖。

世界上没有两片完全相同的树叶，也没有两个完全相同的孩子，每一个学生都是独特的，每个学生身上都存在巨大的潜能。针对这样一个学生，作为教师的我应以教育为目的，帮助他、感化他，让他取得进步。

一、因材施教，循循善诱

每一个特殊学生的实际情况都不相同，教师必须深入了解学生的特殊原因，从而确定行之有效的对策，因材施教，正确引导，要充分发挥学生的力量，给予他学习和思想上的帮助。顺顺经常做一些怪异的动作就是为了引起老师的注意，要让他感到老师和同学们对他的关心、重视……用关爱唤起他的自信心、进取心，使之改正缺点，然后引导并激励他努力学习，从而成为一个力求上进的学生。

二、动之以情，晓之以理

对于顺顺同学这样特殊的学生，我放下教师的架子，亲近他，以关爱之心来触动他的心弦，"动之以情，晓之以理"，用爱去温暖他，用情去感化他，用理去说服他，从而促使他主动地认识并改正错误。

三、以生之助，友情感化

同学是学生的益友。让同学们帮助照顾他的学习生活，让他感受到同学给自己带来的快乐，通过同学的教育、感染，促进了同学间的情感交流，在转化特殊学生的工作中就能达到事半功倍的效果。有人说，没有爱就没有教育，对于班主任工作，爱的体现就是智慧。

四、运用赏识，促其发展

每个学生身上都有优缺点，特殊学生也有优点，哪怕是很微弱的闪光点，很微小的进步，我们教师也要及时予以引导、肯定，努力从赞美中去满足他们的心理需求，使他们产生欣慰、幸福的内心体验，增强自信心、上进心，提高学习的兴趣与内在的动力。

爱心与赏识转变了顺顺同学，也给我这个班主任带来了无限的欣慰与快乐！

用"信任"与"期待"温暖"后进的心"

李凤婷

"李老师，下周的班会课您能借我一个学生吗？"邻班的班主任兼我班的语文老师陈老师问我。

"您想借谁呢？能告诉我借人有什么用吗？"我说。

"小业，我真的好喜欢好佩服你们班的小业！我想请他到我们班上介绍他是如何进步到今天的模样的。"陈老师答道。

"小业啊，我也要借，能顺便借给我吗？"（1）班的班主任易老师听了陈老师的话也说道。

"还有我啊……"其他班的班主任都争相嚷着要请小业。我欣慰地笑了："没问题，只是个个都想请他，他怎么分身呢？"我话音刚落，他们已经七嘴八舌地为小业分好了"巡回演出"的时段了。

小业是我们初一年级的名人。回想新学年的第一天，一般的学生，初来乍到，再调皮也不敢闹事。但小业是个例外，上学第一天，他就在课堂上狠狠地玩，拼命地乱讲话，严重扰乱了课堂秩序。虽然我一向不介意学生的起点，但为了更好地教育他，我还是翻查了他的入学成绩——语文7分，数学11分，英语17.5分。这样的成绩，可以说既在意料之外，更在意料之中。为了进一步了解他的情况，我私下找了他的几个小学同学，得知小业在小学一向不爱学习，从不做作业，整天挨批评。在我看来，就算小业的学业成绩不理想，也至少要学会做人做事。于是，我决定要好好"修理修理"他。

第二天，小业又照常扰乱课堂纪律了。我没有急于批评他，等到放学后，我把他找到辅导室，心平气和地让他坐在我的面前。小业满脸狐疑与不自在，不过，在我的坚持下，他最终还是坐了下来。我说："怎么啦？不习惯坐在老师面前？放心，老师不会吃了你的。"小业憨笑了一下，神态似乎自然了很多。我说："我知道你其实也很想进步，只是暂时还不能管好自己而已，但我觉得你绝对有能力管好别人，对吗？现在，我们年级要成立自治委员会，每班要推选一个有责任感又敢于管纪律的同学加入自治委员会，主要任务是管理年级的纪律。我觉得你很适合，一定能胜任，你愿意为大家服务、出任自治委员吗？"小业惊讶不已，在我的再三鼓励下，他最终还是答应下来。当我把他的名字报给年级长时，年级长觉得不可思议，以为我搞错了。我说："给他信任和期待，说不定会有意想不到的收获，不妨试试。"最终，级长勉为其难地答应让他试一试。

小业成功地当上了年级自治委员，我在班上宣布了这一"喜讯"，并引导同学们以小业为荣。私底下，我经常和小业谈心，鼓励和指导他，让他觉得做自治委员是一项光荣而富有挑战性的工作，当然还要让他相信只要用心就一定能把工作做好。与此同时，我也经常跟年级长沟通，及时了解他的表现，以便有针对性地和小业谈心。在尊重小业的基础上，我给他充分的信任，也给他热切的期待。就这样，在大家的信任和期待下，小业对自己的要求越来越严格，在纪律、学习和管理工作上的表现也越来越好，从原来让人头疼的"捣蛋鬼"变成年级的励志红人，于是出现了前面说的那一幕。

小业的故事告诉我，每一颗"后进的心"都渴望得到关注与温暖，潜意识里都希望自己能让人刮目相待，只要我们真诚地去对待他们，并给予充分地信任和热切的期待，就一定能帮助他们快步前进，最终融入大部队中，共同奋进。

沟通从心开始

陈金华

工作十年了，担任班主任工作也有七八年了，职业的倦怠与麻木在一定程度上是有的……这一年做初三留任当班主任，我接手了一个特别的班级——话多、浮躁、厌学，内心很"强大"。一个学期下来，我首次怀疑自己的能力，尤其是班主任工作强调沟通，对于这样一群毕业班的孩子，该怎样沟通呢？中国移动的广告词说"沟通从心开始"。是否用心沟通，用什么心去沟通，决定了沟通的成败，于是我尝试和学生的沟通以"爱心"为基础，融化他们内心。

班主任的"爱心"似乎是老生常谈的问题了。《学记》中说："亲其师而信其道。"要让学生"亲其师"，首先要给学生"爱"。我发现，学生越是感受到老师的爱心，就越亲近和信任老师，老师的教导就越容易被学生理解和接受，所谓"情通则理达"。那么，如何让学生感受到爱心呢？我总结了以下几个方面：

一、"无微不至"的爱

班主任的爱心不需要轰轰烈烈，而应该是"随风潜入夜"的感觉，越在细微之处，越能润泽学生的心灵。班上有一名男同学，初三插班过来的两个星期里，总是没精打采，且性格内向，很少跟别人说话，特别是课堂上总是趴在桌子上。一次历史课上，他又趴下了，于是我火冒三丈，职业习惯使我在心底迅速打了一份训斥的草稿走了过去……突然我看到一个细节，他用手捂住了胃部。我停住了脚步，他可能是胃痛了……下课后，我问其他同学要了胃药，并叫他到办公室，到了开水给他。他当时很惊讶，问我怎么知道他胃痛了，我只是笑了笑。晚上，他来问我有没有因为他上课趴下而生气，并且跟我讲了他因为家里经常没有人在家，饮食不均衡就患了胃病。此后，我经常关注他的饮食习惯，他上课趴下的次数也开始少了，并且变得开朗了，有什么事都愿意和我说。我很高兴看到他的进步。

二、宽容的"爱"

宽容的"爱"一般体现在学生犯错误的时候，这个时候也是我觉得自己最"虚伪"的时候。我承认，在学生迟到、不交作业、打架的时候，确实"爱"不起来。但这时，"爱"是一种手段，也就是说，没有也要掏出来，因为这时适当地给学生"爱心"，可以使学生更容易接受教育。譬如，有一次，班里两个学生因为玩笑开大了在教室打架，把教室门都打烂了，我特别生气，教育了他们一番。我难以平息怒火，而他们的接受教育的态度也不理想。后来，我还是拿药油帮他们搽了伤口，还叮嘱他们要多穿衣服。在给他们搽药油的时候，一个同学说："老师，我下次不会了！"另外一个同学也低下了头，我的气也一下子消了。

三、"以生为本"的爱

"以生为本"是爱心的体现，指一切从学生出发，为学生着想，同时要理解学生。譬如早恋问题，初三早恋问题是我觉得最难处理的问题了，因为我个人认为这不是他们犯了什么错，而是他们到了一定的年龄的一种心理的反应。但"早恋"不是好事，是不能任之发展的。如果能引导他们走出误区，建立良好的交友观念，那应该是最好的吧！这个学期一开始，我就祈求千万不要让我遇上"早恋"的问题，没想到还是被我碰上了。开学后的第二个月，我发现班里面有三对同学的眼神不对！经过严密侦查后，确定他们确实有早恋的苗头，但也只是苗头。我想我要把他们扼杀在萌芽之中。怎么能水到渠成呢？我以其中两位学生为例子，为尊重个人私隐，下面分别称为小A和小B。我先把小A请来谈话。他见到我很紧张，可能以为我要训斥他，我的"鸳鸯棒"要打下去了。我没有立刻切入正题，而是聊了学校学习、宿舍生活等一些很轻松的问题，他慢慢就放松了。这时，我问："在班里面你跟谁最好，最聊得来啊？"他在我引导下，逐渐说出了我期待的那个"姓名"。（他又开始有点紧张了）我分别问了他跟这几个同学比较好的原因是什么。当问到"小B"时，他说，是因为跟小B有共同的爱好和话题，谈得来，学习上能互相帮助。我说："那你们是很好的朋友了。"他说："当然啦！"我突然开玩笑地说："不会好过头吧！"他马上说："不会的，我保证我们不会早恋的！"我笑着说："没有，我只是说笑，我没说你们会早恋啊！"然后我问他："你为什么觉得早恋不好！"于是，他说了很多，说她会影响学习，学生时期不应该早恋等等。我说："那你是她的好朋友，你想不想她好啊？"他说："当然想啦！"我说："对，这才是真正的好朋友，我希望你们能互相促进，珍惜这份纯洁的友谊！"最后，他们都保证能够做到不早恋！

付出了爱心，我也慢慢地有了收获，感觉学生能亲近我，我说的话、提的意见学生都比较容易接受了，并且能自觉地做好！所以我们班在这个学期被评为"文明班集体"，成绩也从上学期的年级最低升了上来！看到他们的进步，我感到了最大的快乐！

一个学期的班主任工作让我体会到，班主任工作很苦很累，同时班主任工作也是快乐的，快乐来源于班级的进步和学生的健康成长，我相信每一位老师都是感同身受的！这就是一种爱心！有一句话是这样说的，"爱自己的孩子的人是人，爱别人的孩子的人是神"。我们都在从事着一份神圣的工作。

我要往哪里去?

黄杏彩

　　小杰是个从偏远农村来的借读生,初一刚来我班时成绩并不理想,数学不合格,但是个憨厚老实、淳朴的孩子,我安排他负责课室黑板并担任电教平台的负责人,他非常认真,我以此为契机,引导他努力学习数学,他的学习态度越来越好,字体工整、清秀,经过一个学期的拼搏,他的数学成绩提升很快,已经属班里中上水平,脸上的笑容也灿烂多了。这样的好势头一直持续到初二上学期,期末考他还取得了优异的成绩,受到嘉奖。

　　本以为我可以安心的时候,乱子来了:寒假结束回到学校后,他变了,散漫、颓废了很多,寒假布置的自主学习的任务居然一个知识点都没有学,于是我打电话向家长了解情况,原来寒假这孩子回了老家,没有父母在身边管束,自由惯了,沉迷于手机当中,谁讲话都不听,作业更是不做了。为此,我找他谈话,希望他学会自律,控制对手机的沉迷,并要求他做出改变,表面上他答应了我,可行动上却没有改变,原以为在校住宿不允许玩手机,就可以解决玩手机的问题,殊不知,他接二连三地不完成作业,根据规定,学校暂停他住宿一周。我以为这是一个很好的教训,可以促进他的反省,但万万没想到,就在停宿的一周里,家长已经没收的手机,他居然大胆地从柜子里翻了出来,并要挟家人不给手机不吃饭。家长心软了、依从了,有了家长的撑腰,这下他更加不可收拾了,就算回校住宿手机强制收归家长保管,他的学习态度依然不积极,各科任老师的投诉接踵而来:上课开小差、与同学玩耍、字体潦草、作业拖拉、不完成、拿同学的作业照抄答案,应付交作业,在第9周的中段测试中退步两百多名。

　　我再次跟他交流,问他自己有没有分析过为什么会退步。他说有,就是太贪玩。问他是不是因为沉迷于玩手机,他说手机不经常玩,被父母严格把控着。我问他对期末考试有没有什么目标,他说有,很想回到以前的状态。可再问他对自己的未来有没有什么打算时，他沉默不语，神情变得很沮丧、失落，全程没有正视我，也不和我敞开心扉。经过多番劝导，他才慢慢吐露心声：因为家里的社保等各种问题不能在这里读公立高中，父母要他回偏远老家读初三和高中，他不想回家，想留在这里，但又无法说服父母，所以想着自己反正要回老家，那就不把学习放在首位，破罐子破摔，反正在这里的读书情况也不会影响自己回老家读书。我劝导他不管在哪里读书，首先就有个读书的样子来，好男儿志在四方！在了解情况后我立刻跟他家长联系，把孩子的问题摆出来，希望家长能继续让孩子留在这里读书，家长说也在努力想办法，尽量尊重孩子的意愿，也愿意配合老师。得到家长的承诺后，我再次跟小杰交流，孩子知道父母的真实意愿之后，神情有所放松，我紧接着说："父母为了你做出这么艰难的选择，那作为孩子是否也应该体谅父母的难处呢？目前我们最重要的是搞好学习，我们要敢于承担，把落后的成绩追回来！"他答应了，也开始慢慢改变了。期待孩子有更大的进步，找回属于他的荣耀。

教育需要我们班主任的耐心，也需要我们的等待，就让我们慢慢打开孩子的心结，让孩子的内心充满阳光，积极向前。

让"被需要"成为孩子进步的动力

李凤婷

积极心理学主张研究人类积极的品质，充分地挖掘人固有的潜在的具有建设性的力量，促进个人和社会的发展，使人类走向幸福，它主张研究个体对待过去、现在和将来的积极体验。在对待当前方面，它主张通过幸福、快乐等积极体验来促进人的发展。

作为一名班主任，我可借助孩子们的幸福感来促进他们进步。如何让孩子有幸福感？我想，很重要的一点，就是让孩子们在集体里有存在感、有价值感，而要让孩子们有存在感与价值感，最有效的办法就是让他们成为集体中"被需要"的人。下面是我在工作实践中的一个案例：

小玉（化名）一来到初中，就给人留下很深刻的印象——粗鲁、不爱学习，上课经常开小差，作业基本不做，摸底考试各科成绩全部在30分以下，数学甚至低于10分。开学才短短几天，我收到各科老师对小玉的投诉已不计其数。

作为班主任，我岂能不重视？为了找准对策，我没有急于去批评小玉，而是利用巡堂时间和早读前以及课间时间不作声色地观察了她两天，并和各科任老师交流，听取了大家对她的评价。此外，我还不着痕迹地向学生打听了小玉的一些情况，并借助做学籍的机会和她爸妈沟通，了解她的家庭情况。

综合我的所见所闻，我很认真地思考了小玉的问题。我觉得，小玉外在表现出来的是没有学习目标，没有上进心，纪律散漫，无心学习，其实归根到底是因为她对自己没有信心，觉得自己很无用，是同学、老师和家长眼中无关紧要的人物。只有从根源上解决问题，才能有效地帮助小玉。于是，我尝试从下列几方面努力：

一、为小玉提供一个实现自我价值的合适平台

考虑到小玉的纪律性与学习成绩，估计当时的她在同学面前没有什么威严可言。但我知道，她家离学校比较近，我觉得锁门这项工作比较适合她，于是对她说："小玉，我们班需要一个住得近又富有责任感、有奉献精神的班干部帮忙每天锁门和开门。我观察了一段时间，觉得你最适合不过了。"她大吃一惊："不是吧？别吓我啊！我从来没做过班干部，您还是找其他人吧！""相信我，我观察过了，全班同学中就你最合适，你住得近不说，最重要的是你骨子里是一个有责任感的人，最好的证明就是你每天坚持认真做家务。"我竟然知道她在家里的表现，小玉很惊讶，几个来回之后，她最终还是答应尽力试试。

我在班上隆重地宣布了小玉做我们班临时的"门窗大使"，并在私底下跟她讲了要求。事实证明，我的决定没有错。小玉从接过钥匙那天开始，每天都很早到学校，为大家开门，放学后也能按时锁好门窗，找到了实现自我价值的平台，她不但把锁门窗工作做好了，在守纪和学习态度上也有了长足的进步。两周试用期后，她在我的鼓励下，还勇敢地上台竞岗，最终以最高票数正式当选为"门窗大使"。

二、适时肯定，善用同伴的认同来激发小玉的"被需要"感

任何成绩的取得都不可能一蹴而就，它一定是一个个小进步不断积累的结果，而在每一个小进步后，学生所遇到的困难将会更大，因此很有必要适时给予肯定，并让其同伴认同，让其深切感受到自己是"被需要"的、有价值的。我留意小玉的每一个表现，客观而真诚地及时肯定她的每一个小小的进步，并引导班上的其他学生认同她、肯定她。自然而然，班上的同学都很真诚地感激她，并且会主动地在学习上帮她一把。就这样，小玉整个人的精神面貌不知不觉已焕然一新。

三、加大激励的合力，进一步增强小玉的"被需要"感

为了给小玉营造一种时时处处"被需要"的氛围，我积极与其他科任老师沟通，和他们分析小玉的情况，让他们理解我的做法，并动员他们和我一起努力，给小玉设定合理的目标，一旦她达成目标，要及时肯定，让她明白她的每

一个进步都为我们班做了贡献，班集体的进步离不开每一个同学的进步。我很感激我们的科任老师，在大家的努力下，小玉在学习上有了质的飞跃。尽管基础不理想，但她无论上什么课（包括自习课）都很专注，在做课外作业方面也非常努力，再晚再累都坚持完成作业，感动了我们所有的老师和同学。

此外，我还适时地和小玉的父母交流，及时让他们了解孩子的进步，并提出相关建议，让他们配合我的工作，让小玉感到自己在家里同样是"被需要"的，从而更好地进步。

小玉的故事给了我很多启发，虽然最后小玉由于基础问题没能考上很好的学校，但她的生活和学习态度都发生了让人惊喜的转变，我想，对于人生而言，还有什么东西比积极努力的态度更重要呢？

反思小玉的案例，她之所以能发生那样的转变，"被需要"起到了很大的作用，正因为"被需要"才会不断地完善自己，而在不断完善自我的过程中，她自身是幸福的，与她相处的人也是幸福的。

爱是呵护心灵

易美丹

记得刚当上班主任的时候，我总是被班上的突发状况搞得焦头烂额。有经验的同事纷纷给我出招，说得"严"字当头，镇住这些"超人"。用了同事给我出的招，果然，班上的突发状况看似少了，我们也获得了先进班级流动红旗，孩子们的成绩也上升了。这欣欣向荣的景象让我很陶醉。

然而在这美好的景象中总有那么一丝不协调的色彩——她就是小恩。她性格内向、基础差、衣着邋遢，但从不惹事，因为她胆小，普通话也说不好，每次我找她谈话，总谈不到什么实际的内容。一次语文课上，我看见平时两眼茫然、无动于衷的她正在专心致志地写着什么，走近一看：皱巴巴的草稿纸上跃然呈现出手握兵器、神采奕奕的美少女，笔触之精细让我大吃一惊。她真是一块璞玉啊！正当我感叹时，她从创作的陶醉中清醒了过来，惊愕地盯着我。我一改平时急躁严肃的脾性，而是轻轻地抚摸了一下她的头，继续上我的课。

课后，她第一次主动找到我，话还没说，眼泪就夺眶而出。我的心头微微一震，难道当时的我很可怕吗？在她诚恳的道歉过程中，我深深地感受到：她又何尝不是一个懂事的孩子呢？回想起曾经被我当头棒喝或课后严厉批评的孩子，我何曾耐心地倾听过他们内心深处的想法？我的心不由得颤抖起来，原来我严肃的表情里又委屈了多少孩子？我拿起纸巾，轻轻地擦拭着她眼角的泪水，似乎在弥补这么长时间来对一些孩子教育失当的伤痕，我的心好痛，好痛。那天我没有批评她，而是赞扬了她，鼓励了她。在我的鼓励下，她负责的黑板报获得了校一等奖，她和同学合作的手抄报也获得了区一等奖，看到她的进步，我充满愧疚的心渐渐平复了。渐渐地，我成了她大事小事的分享者；渐渐地，我看到了她热心地帮助同学，听到了她爽朗的笑声，也感受到了她对生活的热爱。这让我感觉到自己就像在雕刻着一块纯洁的璞玉，心里别提多高兴了。

在和她交谈的过程中，我渐渐地了解到她很想当一名艺术家。一天中午，我和她一起欣赏一组优秀设计师的生活、工作的照片，没想到她竟然失控痛哭起来。在她哽咽而断续的叙述中，我懂得了一个私生女深深的自卑，一对被村人鄙夷的母女的辛酸，一片想让母亲过上好日子的孝心，一脸因基础差而不敢触摸理想的无助……我耐心地倾听着，心里翻起了一层又层的巨浪：小小年纪的她承受了太多的委屈，太多的辛酸，太多的无奈……多么不容易呀！我紧紧地拥抱着她，静静地，静静地，直到她黯淡的眼神中重射光芒。其实，我又何曾想过一个幼小的身躯里包裹着一幕幕让你瞠目结舌的经历，在邋遢的外表和空洞的眼神底层又有着如此纯真纯善的心灵？平时似风平浪静的班级里，其实还有多少暗礁啊！在我们班上还有多少像小恩这样的孩子？从此，我开始挨个儿地走近学生，捕捉他们的眼神、关心他们的日常生活、引导他们设计未来的蓝图……孩子们又围到我的身边了，耳边总能听到"老师，你真好"这几个字。我们班不仅纪律很好，习惯也好了；孩子们不仅成绩优秀了，而且笑脸也多了，我自己也总是在课室开怀大笑。这样的情景多好啊！

一枝一叶一世界，一点一滴总关情。孩子的心灵就像一块晶莹的水晶，单纯而又美丽，易碎而敏感，一旦打破就难以愈合。要让这一颗颗水晶心闪耀出应有的光芒，作为教育者尤其是班主任，我们不能只看表象，更要走进孩子的内心，用真情打动孩子，用关爱呵护心灵。十年树木，百年树人，孩子们的健康成长是我们最大的骄傲。作为一名人民教师，我将甘守三尺讲台，用爱育人，不忘初心，继续前行！

初心为始，正觉为终

梁丹娜

学习十九大报告精神，我很庆幸，我是一名共产党员。"初心为始，正觉为终"，作为一名普通的一线老师，始终牢记立德树人是我作为一名共产党员的使命，我也一直在默默践行着这个神圣的使命。

工作至今，我早和班主任工作结下不解之缘，成为一个名副其实的"孩子王"。这是一项有挑战性的工作，每天都和学生打交道。每一个学生都是一个世界，要想成为每一个学生的朋友，要想得到每一个学生的信任，需要付出很多的心血，如用心去交流，尊重、认可他们，帮助他们走向属于自己的人生轨迹等。我相信，只要关爱学生，尊重学生、宽容学生、我们就能找到开启学生心灵的钥匙。

去年刚接手初一，班里一个叫陈飞扬的孩子，行为习惯差，丢三落四、乱扔垃圾、上课随意说话、课下骚扰他人、课间常跑去买零食吃等成为家常便饭。这是一个让人很头疼的学生，屡教不改，基本上每天都会惹祸。

某天下午，还没打上课铃，陈飞扬就急匆匆地跑来找我，脸涨得通红，头上豆大的汗珠不停地往下滴，说话结结巴巴，一看这情形，我心里就预感大事不妙。果然，出于好玩，他把同班的一个男孩子撞倒在地，那个男生现已被人扶回课室坐着直喊疼呢。他手足无措地盯着我，慌张无助，我只能故作镇定，回了一句"会没事的"，就带他回到教室。那个被撞倒的男孩，很痛苦地趴在座位上，左手捂住右臂，我一边安抚他，一边打电话通知家长过来送他去医院检查。"老师，我，我不是故意的……"陈飞扬见我通知家长，生怕被责罚，不停地在我耳边念叨着。我只好拍拍他的肩膀，轻声安慰他"我知道你不是故意的，满丰他会没事的。事情已经发生了，我们坦然去面对，好吗？""嗯。"这孩子如释重负地直点头。在联系受伤孩子家长的同时，我也立即联系了陈飞扬的姑姑。陈飞扬四年级时母亲病逝，父亲就把他寄养在姑姑家，姑姑就成为他的监护人。我详细地向他姑姑讲述了这件事的前因后果，并获得姑姑的全力配合。

陈飞扬一直和我陪着那个受伤的孩子，直到那个孩子的妈妈出现。一见面，陈飞扬居然主动地向阿姨承认错误并诚恳道歉，这让我很意外。检查结果出来，右手粉碎性骨折，需要立刻动手术，而且至少要休学一个半月。在我的积极沟通协调下，双方家长相互谅解，并达成了调解。陈飞扬经过此事，好像比以往成熟多了，课间好动手动脚的行为也收敛了不少，每次见到我，都会主动地叫"老师好"！

借助这次意外事件，我不仅在班里开展了安全牢记于心的主题班会，还发动了孩子们为住院的同学写慰问卡聊表心意，班级的凝聚力慢慢地凝结在一起。

如何立德树人？我想，应该是帮助孩子走向属于自己的人生轨迹。这意味着要尊重孩子，教给孩子把犯错看成是从别人那里获得宝贵帮助的机会，孩子们将愿意为自己做的事情承担起责任。把错误当作一次学习机会的关键一步，也是自我成长的主要一步。我们的教育工作，不正是这样吗？

当班主任很累，事情很多，很操心，有的时候会很心烦，这都是免不了的，但当你走上讲台，看到那一双双纯净的眼睛，当你看到你的学生在你教育下有很大的改变，当你被学生围着快乐的谈笑，当学生把你当成最好的朋友，那种快乐是无可言语的。

"初心为始，正觉为终"，作为一名普通的一线老师，始终牢记立德树人是我的使命。我所做的每一件事都是那么微不足道，但凡事都会尽己所能，以此作为学习十九大报告的献礼。

不忘初心，立德树人，一路向前，就会拥有一个快乐无悔的人生。

内向的孩子更加需要老师的关怀

曾令栋

　　我在中学时代是个内向的孩子，因此我深知内向的孩子更加需要老师的关怀。当上老师之后，我对内向的学生总是特别留意。我做班主任的时候，常常找内向的学生谈心，次数多了，那些内向的学生也会慢慢地打开自己的心扉，愿意把自己压抑已久的心声向老师倾诉。我知道，他们的烦恼需要别人的理解，他们的痛苦需要别人来分担，他们的忧思需要别人来倾听。在路上遇到一群孩子时，我也常常先跟内向的孩子打招呼，以此来激发他的自信心。在课堂上，我更多地选择把回答问题的机会留给那些欲言又止的内向的学生，鼓励他们大胆表达自己的意见，肯定他们哪怕是相当幼稚的观点，呵护他们脆弱而敏感的心灵。

　　还记得那是一节班会课，主题是《献给母亲的歌》。班里的学生都大大方方地读出了他们写给母亲的一段段赞美的话语，轮到小林时，小林却支支吾吾、一动不动地坐在座位上。小林平时胆小怕事、沉默寡言，同学们都不爱跟他玩耍。这时一个调皮的学生大声说："小林的衣服最脏，他妈妈不给他洗衣服，他妈妈好坏！"全班都"哄"的一声笑了起来。小林的脸涨得通红，眼泪在眼眶里直打转。我连忙走过去，轻声跟小林说："世界上没有坏妈妈！你告诉我，你妈妈怎么啦？"小林突然伤心地哭了起来，抽咽着说："我妈妈病了，病了好几个月了。"我留意到他的桌面上压着一张作文纸，我问小林："我可以帮你读出来吗？"小林默默地点点头。我把小林的《献给病床上的母亲》读了出来，这篇真挚的短文感动了我，也感动了全班同学。从此以后，小林慢慢地走出了自卑的阴影，与大家相处得非常融洽。

　　小瑜个子矮小，学习成绩较差，胆子很小，语言表达能力又很弱，在班里没什么"地位"，但是他有个"闪光点"，就是爱劳动，不怕苦，不怕脏。老师安排他做事，他总是高高兴兴地接受，并且做得非常认真。我了解到这一点之后，就经常有意无意地安排他做一些小事情。比如，段考来临之前要贴座位表，我就安排小瑜来贴；要检查评比班容班貌了，我又安排他张贴一些标语、装饰物等；班里的两棵盆栽，也常常得到他的精心呵护。学校开辟了"学农实践基地"，很多同学都想报名，但是每个班只有四个名额，我特意安排小瑜参加。小瑜很高兴，在学农实践基地淋水、锄草、栽种，他都是最积极的一个。每当有收获的时候，他都会很高兴地邀请老师去采摘。慢慢地，小瑜在班中的"地位"上升了。他喜欢打篮球，虽然个子矮小，但是比较灵活，班里那些篮球"高手"也慢慢地接受了他，同意他一起加入篮球大军。

俗话说："良言一句三冬暖，恶语伤人六月寒。"对于内向的孩子，我们要小心呵护，当他们遇到困难时，我们要用热情的话语鼓励他；当他们自卑时，别忘记用他的"闪光点"燃起他的自信心。内向的孩子更加需要老师的关怀。

启封闭心灵，扬隐形翅膀

袁小苑

苏霍姆林斯基强调搞好教育的前提是了解儿童。他说："必须了解儿童，了解他的精神，体会他的思想和内心感受，小心翼翼地去触动他的心灵。"教师用诚心、耐心、爱心和匠心的结合，才能开启成功的大门。

有一次，我由于喉咙痛，嗓子嘶哑得几乎说不出话来。但想到即将中考，为了不影响复习进度，我仍然以极低的语调，极小的声音坚持上完了四节课。下午回到办公室，我发现桌上有一盒药，还夹着一张小纸条。好奇心使我迫不及待地打开纸条，上面清楚地写道："祝老师早日康复！小杰。"我被深深地感动了。我爱这盒药，更爱这个爱我的学生，因为他拥有一颗感恩的心，已经胜于一切。如今有不少学生缺乏的就是这个本心，他们往往把物质、分数当作追求的方向，根本不会从感恩这个角度思考。我骄傲，因为我拥有一位懂得感恩的学生。那一次，他变得懂事了。

夏日炎炎，教师里闷热非常，我班学生依然顶着高温，努力奋斗着，老师也不敢放松，生怕漏掉一个知识点。"请问，谁来复述《猫人》这篇文章？""我来。"坐在最前面的一个语文成绩最多30分的学困生小勇把手举得高高的，大声地说道。很多发出质疑的声音。"你会吗？你又不认识字？你会说我给你10元钱。"化学高手阿成说道"好！10块就10块，你说的。"小勇回应他。这时，教师里立刻变得鸦雀无声，学生们纷纷望着试卷期待着小勇的发言。

小勇开始复述：我去钓鱼，有四个人打猎，他们看见一只猫，我不准他们打，就用100元买了这只猫。我问店主这只猫是谁的，他说这只猫是一位老人的妻子给老人留下的全部纪念。老人不知是一个叫什么地方的很有钱的人。老人给了我一张支票，我买了一艘船，写着"猫人"。这时的他双手不停地翻阅着试卷，眼睛一会儿看书，一会儿看着老师，想知道自己讲得是否得到老师认同，声音一直在颤抖着，身子也不停地晃动着。他的话音刚停，教室里响起了一阵阵热烈的掌声和拍桌子的声音，那声音久久回荡在教室。

老师拼命地鼓掌，脸上绽开欣喜的笑容。全班同学对小勇的这一发言，立刻刮目相看。"哗，好厉害！"人群里传出一个惊叹声。此刻的小勇脸上也露出了满意的笑容。也就在这时，所有的眼光再次投向阿成，"给他10块钱！"全班同学异口同声地说。阿成很不情愿地说："给就给。"老师兴奋地说："这样吧，这10块钱还是我来给小勇吧。小勇，你用了多长时间看这篇文章。""我在课间把它看了三遍，挺好看的！""你真是太棒了！三年前，我要求你多看书，你总是抗拒，说'我不认识字，你就别烦我'。今天，你真的出彩了！"教室里再次响起热烈的掌声。我骄傲，因为我多了一位学会自主学习的学生。那天晚修，他学会了学习。

区一模后，教室里最后离开的就是我和他。他凭着坚强的意志力，排除身边的所有不利因素，参加了中考。考场上，他沉着冷静，认真思考，细心作答，不轻易放过一道题。中考成绩出来了，他考上了钟村成人学校。全班同学也都升上了高一级学校，"一个都不能少"的愿望实现了，我向家长交了一份满意的答卷。他的爸爸亲自来学校感谢我："老师，我上次错怪你了。我儿子能读完初三，而且能考上职中，真是太谢谢你了！""没事，这是我应该做的。小勇付出了很多，您要好好奖励他。"我骄傲，因为我收获了一份最贵重的礼物。那次中考，他英勇奋战了。

可见，全面关注孩子的变化，启迪成长，让每个孩子的长处得到发扬很重要，只有这样，他们才能更好地发展自己，成就人生。小勇的蜕变至今让我难以忘怀。

静待花开

张惠珍

我与他第一次碰面是在一节自习课上，那时他还不是我的学生。

那一天我是年级的值班老师，在第九节自习课上，我照常到各个班级巡查。当我来到一个班级后门时，却听到班级里学生嬉笑打骂的声音。透过窗户，我看到班级里乱哄哄的，有聊天的、扔纸条的，甚至还有一名男同学正肆无忌惮地唱着低俗的歌，把不少同学逗得哈哈大笑，而这个唱歌的男同学就是他。

我按捺着内心的愤怒走到班级的前门用严厉的眼神扫视全班，大部分学生都安静下来了，除了他。他继续保持原来的声量唱着刚才那首低俗的歌，甚至用一种极为挑衅的眼神看着我。他明显是在挑战我，但理智告诉我，面对这种恨不得你和他较劲的学生，我不能生气，更不能和他较劲，于是我选择了冷处理，我并没有理睬他，甚至我的眼神也没有在他身上停留超过两秒钟。我心平气和地对其他学生说："安静下来，好好自习。"没想到的是，为了激怒我，他居然朝我说了几句脏话，并说："别以为自己带着个值班老师的袖章就很了不起，我轮不到你管！"我强忍着内心的怒气，严肃而坚定地说："这位同学，请注意文明用语，现在全部同学都在看着你，请你不要打扰大家自习！"我故意把"请"字加强了语气。这下，他终于闭上了嘴巴，整个教室终于安静了下来。

又过了一会儿，当我再一次巡查经过他们班时，他居然带着另外一个学生在走廊嬉笑打闹。我走上前请他们回到教室，他却说："我喜欢去哪里就去哪里！"我判断这位学生并不是一时三刻能教育好的，于是转而跟另外一个学生说："你回教室去。"正如我所料，那位学生回教室后，他一个人在走廊外很无聊，也就跟着进去了。

是的，这就是他，一个充满戾气的男孩子。

然而谁都没有想到，一个学期后，我居然成了他的班主任。那天，我在讲台上宣布即将担任班级的新班主任时，他看着我，我也看着他，我俩相视一笑，仿佛之前发生的事情就在这一笑间烟消云散。

接下来的两周里，我领教了他层出不穷的违纪行为，上课睡觉、扰乱课堂秩序、旷课、迟到、早退、不交作业、顶撞科任老师。当然我也发现了一个奇怪的现象，尽管他是一个如此顽劣的学生，但在同学中却很受欢迎。于是我找到了班上的学生，从同学的口中去认识他、了解他，接下来的日子里我有意观察他，发现他还真是个特别风趣的孩子，对待同学也特别讲义气。两周后，我找了他聊天。

"嘿，还记得我们第一次见面是什么时候吗？"我打趣说。"老师，你还记着呢！别这么记仇行吗？"我笑着说："早就不生气了，没想到这回还真轮到我管你了吧！"他以为接下来我又得开骂了，笑笑不吱声。我接着说："不过啊，当了你的班主任后，我算是重新认识你了，没想到你居然是班里最受欢迎的男同学！同学们都说你人特别仗义，说话又风趣。"他得意地说："那是！"我接着说："你看啊，大伙儿这么喜欢你，你人也这么仗义，以后影响到大伙儿学习的事情就不要做了，可好？"他拍拍胸膛说："行！"第一次谈话就这么愉快地结束了。

为了让他更真切地感受到同学们对他的认同，我在班里组织了题为"最_____人物"评选活动。孩子们评选出了"最乐观人物""最热爱集体人物""最具才华人物"……获评的孩子们得到了同学们的肯定都十分开心，当然也包括他！他拿着同学们颁发给他的"最仗义人物"的奖状，乐开了花。他看着我，我看着他，我由衷地为他竖起了大拇指！

接下来的日子里，他真的慢慢在改变，尽管作业照样不交，上课偶尔还会睡觉，但旷课的现象没了，扰乱课堂秩序的行为也慢慢少了。每次他稍有一点进步我就给予他充分的肯定，慢慢地，我和他的师生关系越来越融洽，我在他身上做思想工作也变得越来越容易了。

再后来，我又针对他的学习态度做了一段长期的思想工作，初三的紧张感又使他意识到自己确实不能这样荒废自己的学业。他慢慢地转变了学习的态度，成绩也有了一定的提升，但由于他的基础实在太薄弱，中考未能如愿地考上高中，但我却由衷地感到欣慰，因为在他身上，我不再看到与他初次碰面时的戾气，他对待生活，也显得更积极、更上进了。

前年家里的阳台种上了几棵鹤顶红，一年多过去了，尽管我每天给它浇水，两三周就给它施肥，闲下来的时候又给它修剪枯叶，但总迟迟不见它开花，然而就在几个月前的一个早晨，我惊喜地发现绿油油的叶子中间，伸出了一个花苞，而后的几天，一个又一个的花苞陆续长了出来，又过了几天，一朵朵鲜艳夺目的花在阳光下摇曳生姿。

这让我想起教育生涯里遇见的他以及许多像他一样让老师操碎了心的学生。他们就像阳台上的鹤顶红，我们不能因为它暂时不开花就放弃给它浇水、施肥、修剪枯叶。相反，我们更应该付出我们的耐性，相信它总有一天能在阳光底下美丽绽放！

这不，就在前几天，事业上已经小有成就的他给我打了一通电话，电话里头那个曾经调皮捣蛋的家伙已经是个积极向上，做事毫不含糊的有为青年了！

静心倾听花开的声音

赖幼珍

每个孩子都是一朵花，静静地绽放，而塑造心灵的我们，要静待花开。

开学第一次见他，黑瘦的脸，沉默寡言，坐在一群叽叽喳喳的同学中间显得有些拘束。发新书的时候，这个小家伙非常积极，飞快地扛着一摞摞新书从展览室奔上三楼教室，连跑了三趟，因此，我对他的印象非常深刻。由于刚接手这个班，对孩子还不了解，我心想：这是个多么朴实的孩子啊！这样的"力气活"他都干得那么起劲。

在开学初的几周里我对他及其关注，当然更是毫不吝惜对他的赞扬。观察后发现他上课要么无精打采，做小动作，要么影响其他人，对学习提不起兴趣；下课追逐打闹，喜欢动手动脚，常常引发同学间的矛盾，许多学生前来指责他；作业不做，即使做了，也是极度潦草，没有做完……每天总少不了给我添麻烦。刚接手新班的我，面对这种情况，总是苦口婆心地批评和劝诫，但他总是一副桀骜不驯的模样，一如既往，毫无改进。怎么办呢？我找学生了解情况，原来前两年他就已经是这样子了，考试稳坐倒数第一，因为经常惹同学生气，同学们都疏远他。看来，这学期只是"原形毕露"了吧。但作为班主任，我不能放弃任何一个孩子啊，于是，我下定决心要对他进行"改造"。

可是，事与愿违。在一次数学课上，大家都在认真地做练习，突然有同学喊："啊！你干嘛呢？"这喊声打破了教室的宁静，我寻声看过去，看见他的同桌脸上、衣服上全是墨水，班里顿时炸开了锅，我的怒气再也遏制不住，狠狠地瞪着他厉声吼道："站到最后面去！"他眼里有一丝惶恐一闪而过，随即又换上那副什么都不在乎的神态站在后面摇晃。我让他同桌先去厕所把脸上的墨水清洗干净，我在教室里继续上课，内心却十分煎熬，盘算着要如何治他。终于上完课了，我往教室后面走，突然从愤怒中清醒过来：这孩子犯错，我一直都是训斥和责备，他好像有逆反对抗的心理了，有没有什么更好的方法呢？我寻思了一会儿，改变策略试试吧。我放慢脚步走到他面前，轻轻地说：

"过去跟你同桌道歉，让他明天把衣服带回来给你清洗干净，然后过来我的办公室。"他有些诧异地望着我，脸上露出疑惑的表情：老师葫芦里卖的究竟是什么药呢？刚刚还声嘶力竭，现在却如此平静。我把他带到办公室，没有大声责怪他，而是轻声询问事情的经过，慢慢引导他发现自己的错误，应该如何改正，争取做得更好！

一年一度的校运会开始报名了，班上没人愿意报名投铅球项目，我的脑海中浮现出刚开学时他扛着新书飞快地从展览室奔上三楼教室的画面，我灵机一动，就他了。于是，我极力推荐他去报名参加投铅球比赛，并且鼓动全班同学给他加油，做了一番思想工作后，他答应了。后来，我发现他在体育课上经常请教体育老师投铅球的方法，下午放学后还自己偷偷去运动场练习。到了比赛那天，我带着班里的同学为他加油，在同学们的呐喊声中，他拼尽全力，夺得了年级第一名，同学们都跑过去拥抱他，我走到他的跟前，伸出手说："恭喜你，获得了第一名！你为我们班取得了荣誉！"他腼腆地笑了。从此，我经常找他聊天，不说成绩，只是像朋友一样，聊聊想法和感悟。从聊天中，我开始重新认识他，虽然到现在他还有许多令人头痛的毛病，但至少他愿意去尝试改变，作业开始写了，上课学会听讲了，课间不再打闹。后来，我又让他帮班级整理羽毛球拍，每次大课间、体育课回来，都能看见他一个人默默地整理羽毛球拍，我们班的羽毛球拍是摆放最整齐的，一个学期下来，我们班在羽毛球拍摆放整齐方面就加了5分。同学们也慢慢地喜欢上了他，他在班级找到了归属感，变得更加积极了，能主动帮助同学，跟同学相处更加融洽了，课间跟同学嬉戏玩耍，时常在脸上洋溢着幸福的笑容。

教育就是一棵树摇动一棵树，一朵云推动一朵云，一个灵魂唤醒另一个灵魂。看见他脸上洋溢着幸福的笑容，我非常庆幸自己的选择。既然选择了教育，就将静待花开装进行囊，行走在教育这条充满未知的路上，让我们一起在期盼中，静心倾听花开的声音。

当上幸福的"后妈"

黄春兰

2017年9月，我成为初二（1）班中途接班班主任，我心里百般不愿。有人形象地把接手班主任比喻成"后妈"，我们面对的不是对什么都还不熟悉的初一新生，而是已经形成了一定秩序和风气的班级整体，每一位学生已经在班级里找到了自己的位置并且对班级形成了一定的看法或是期望，班主任的更换是牵扯到每一个班级成员的大事。在刚刚接手的那段日子里，我感到无比沮丧与无助。前任班主任在学生心目中已有一定的位置，学生对我这个新班主任比较排斥，存在一定的戒心，我感到与学生很难沟通，中间隔着一层厚膜。每一次我制订新规矩时，总有学生不肯接受，总有人反对；经常因为处理学生问题时，与学生有矛盾，会说出攻击、挖苦、讽刺、伤害的话，只想战胜对方。

班主任工作不易，要当好中途接班的班主任更难。既来之，则安之。我及时调整自己的心态，深入到班级中去，多关爱学生、多反思，班主任工作越来越得心应手，越来越有成就感，感觉自己当上了幸福的"后妈"。

要想当上幸福的"后妈"，首先要关爱学生，建立情感连接。

要得到他们的接纳，我要接纳他们，爱每一个学生，不管是表现好的还是表现差的，不管他们是优点多还是缺点多，都要一个样，要像对待自己的孩子一样爱每一个学生，这样学生就会爱戴你、拥护你，这是管理好班级的基础。在爱的驱动下，学生们才会逐渐地靠近你。其实，不论什么学生，成绩优异的或成绩很差的，听话守纪的或调皮捣乱的，他们都希望自己在新的一年里，在新的班主任面前有新的表现。新任班主任应该不翻学生旧账，对他们"隐恶扬善"，应该给每个学生一个新起点，给学生一个重新再来的机会。因此，我反复对学生强调："过去你成绩优不优秀，纪律好不好都不重要，因为那已经是过去的事了，我只看重眼前的你，关注你现在每一天的表现。"事实证明，这样的话学生爱听，因为你给他们一个从头再来的机会，他会感谢你，他会倍加珍惜，好好表现自己。

要想当上幸福的"后妈"，其次要和善与坚定并行。

和善不是取悦、骄纵学生，也不是对学生的要求有求必应，更不是不让学生有任何失望，它的重要性在于表达我们对学生的尊重。尊重是表达对学生感受的理解，然后相信学生能经得起挫折，并能由此培养学生对自己的信心。

有一次，一位性格比较偏激的男同学认为班上的班规加分扣分不公平，和班干部吵了起来。我批评了他几句，他就跟我顶嘴。这个时候，和善意味着我们可以接受他的情绪："看得出来你很生气，我们一会儿再谈。"然后我把这问题先搁置一边，这是和善，因为我们没有因为学生的行为而去惩罚他。有些老师会认为，他顶嘴了，是他不对，不是应该立刻解决问题吗？为什么反而离开呢？其实很简单，我们感觉学生顶嘴是对我们的不尊重，是对我们的伤害，此时大家情绪都不好，这不是解决问题的最佳时间，而且我们老师要求学生控制自己的行为，我们作为成人不是要更好地控制自己的行为吗？这个时候我们的离开，恰恰是给自己一个暂停的时间，我们并不需要急着在生气的时候解决问题，也不让自己在这种情况下和学生谈话。因为生气、愤怒的时候，我们不可能做出理性的思考。控制我们自己的行为并做出尊重的榜样，既尊重自己又尊重他人，只有这样，才能真正地做到和善。

我们用语言接受学生的情绪，但是我们并不接受学生的行为，所以我们需要——坚定。多数人习惯认为"坚定"就意味着惩罚或其他形式的控制，并不是这样，"坚定"的重要性在于尊重我们自己，尊重情形的需要，起到作用的是"遵守规则"。我们不能迫使别人以尊重的态度对自己，但我们自己可以以尊重的态度对待自己，所以我们把问题搁置了，搁置问题其实就是自己以尊重的态度对待自己。而且，这样做也给学生树立了一个好榜样。但是搁置问题不是结果。稍后，当学生和我们的情绪都稳定的时候，我们再找学生去谈，这样每个人都有机会让情绪平静下来，心情好了，才能把事情做好。继续上面的例子，我对他说："我知道你刚刚很生气，但我不能接受你的做法。班干部告诉我你被扣分了，我想听你说说是怎么回事？我也很乐意和你一起找出解决问题的办法。"当我们注意维护学生尊严、尊重学生并且态度坚定时，学生很快就会明白，他们的不良行为不会得到自己想要的结果，这会激励他在保持自尊的情况下改变自己的行为。

在处理与旧班主任管理方法上的不同时，我用了"和善与坚定"的办法，和学生一起讨论并设定一些限制。例如班规方面，我和学生一起讨论，由学生来决定班级的加分扣分，被扣了分，应该如何弥补，给学生一些选择决定的机会。设立了规定之后，学生、班主任一定要说到做到，奖惩分明，该奖励就奖励，该惩罚弥补就惩罚弥补。

当了初二（1）班中途接班班主任一学年，我们克服了更换主科老师、更换班主任等种种不利因素，在期末考试中，我们班成绩继续名列前茅，师生关系和谐，班风继续朝着良好上进的方向发展。

班主任中途接班，虽然问题多样而复杂，面对的压力也较大，但我们不妨将它看作是一个学习、实践的机会，静下心来，投入情感，深入到班级中去，多思考、多反思，及时调整自己的心态和工作方法，这样才能当上幸福的"后妈"。

女孩，你该像花儿一样绽放

李苑珍

　　小微是我班上的女生，她在中考的时候以700多分的优异成绩考入我校，在年级也是前几名。但是，从高二起，她的成绩突然莫名地大幅度下滑，以至于上学期的期末考试在班里排倒数第几名。一个成绩优秀的孩子为什么成绩会突然下滑得如此厉害？我问她原因，她不肯说，问多了就哭，好像有什么心事，后来还出现厌学情绪，不想上课，一上课就打瞌睡。

　　其实这孩子挺有灵气的，我真不想放弃她，于是不再追问她原因了，而是转为经常给她赞许和鼓励。我常有意无意地走到她身边，带着真诚而关爱的眼神注视着她，时而夸她思维敏捷，时而夸她想得周全，时而说她作业写得工整。每次夸她，我都能感觉到她的惊喜。有一天，她终于来找我，问我："老师，您为什么老夸我？"我对她说："姑娘，你就这么优秀呀！你不知道吗？每次老师看着你的眼睛，我都觉得特别清澈，特别有灵气，一看就是很机灵的孩子！"谁知这小姑娘一听就哭了。后来她终于向我敞开了心扉，原来在高一下学期的时候，有一次数学考试考砸了，特别是有几道不算复杂的题做错了，老师有些生气，无意中说了一句："你根本没有理科天赋，为什么要选理科？"

　　就这样的一句话，让孩子从此蒙上心理阴影，担心自己选了理科却又学不好，每天都很惶惑，成绩就开始下滑。而成绩越差，她的信心就越不足，到后来，竟然从一个很优秀的学生沦落为班里的落后生，对学习彻底失望，就产生了厌学情绪。

　　我知道她的症结所在了。

　　我问她："你真的认为自己是一个学习能力很差的学生吗？你真的觉得自己没有学好理科的能力吗？"

　　她一边哭，一边回答："老师，我不想做一个差学生的。其实我初中、高一的时候，理科一直非常好，只是那次失手了。"

"这就对了。你很优秀，相信自己的能力，不要怀疑自己。自信起来，你会像花儿一样完美绽放！"我握着她的手，把她拉到我的前面，对她说："来，宝贝，看着老师。你把你心里想说的话先和我说一遍，告诉我你是一个很优秀的学生，你拥有非常好的理科天赋，是那位数学老师看走眼了！"

开始孩子还有点忸怩，在我的鼓励下，她终于破涕为笑，鼓起勇气，对着我大声说："我非常喜欢理科，我拥有非常好的理科天赋，我可以学好的！"然后，她转了个身，对着教师办公室的方向说："老师，您看错了！我一定会用最好的成绩向你证明的！"我知道她这几句话是对那位数学老师说的。当孩子说完这几句话的时候，长长地吐了一口气。我知道，她心里的疙瘩应该算是解开了。从此，那个自信的女孩又回来了。

一年以后，小微以非常优异的成绩考上了广州的一所重点大学。如果没有解开心结，这个女孩可能会一直消沉下去，最后可能连个专科都考不上，但我在女孩身上看到了奇迹。

这个故事告诉我们，有时不恰当的评价或消极的暗示会毁了一个孩子，而真诚用心的赞许、鼓励或积极的暗示却有可能拯救一个孩子。

事实上，在20世纪60年代，美国著名心理学家罗森塔尔就做了一个发人深省的实验。他和助手们来到一所小学，对18个班的学生进行了"未来发展趋势测验"。之后，罗森塔尔以赞许的口吻将一份"最有发展前途者"的名单交给了校长和相关老师，并叮嘱他们务必要保密，以免影响实验的正确性。其实，罗森塔尔撒了一个"权威性谎言"，因为名单上的学生是随便挑选出来的。8个月后，罗森塔尔和助手们对那18个班级的学生进行复试，结果奇迹出现了：凡是上了名单的学生，成绩都有了较大的进步，且性格活泼开朗，自信心强，求知欲旺盛，更乐于和别人打交道。心理学界把这种现象称为"罗森塔尔效应"，认为人的情感和观念会不同程度地受到别人下意识的影响，而人们也会不自觉地接受自己喜欢、钦佩、信任和崇拜的人的影响和暗示。小微的故事再次印证了这个实验的正确性。

让爱伴随成长

蒲 娟

那年寒假，当我终于坐上回老家的火车时，收到了这样一条短信："老师，您回到家了吧？您家里天气很冷吧，要注意身体哦！我盼着您早点回来！杰明。"

那时的我在担任英语教师及初一（6）的班主任，杰明是我班学生中"特别"的一个。

一、初识

开学第一周，我组织学生在班会课上进行自我介绍，每人两分钟，简单地说说自己的兴趣爱好、优缺点和对初中生活的期望。刚开始大家有些害羞，有几个胆大的带头发言后，气氛立即活跃起来。当进行到一半的时候，一个带黑框眼镜的瘦高个男生走上讲台向大家做自我介绍。说到缺点时，他突然把眼神投向站在讲台旁边的我，"我小学时候的缺点是喜欢作弄老师，我小学的老师，特别是英语老师还被我气哭过，我想我进了初中应该不会把老师气哭了吧？"说完对我坏坏地一笑。学生们顿时哄堂大笑，"好，老师真想看看你会不会把我这个英语老师气哭。"我一边笑着对他说，一边在心里暗想：好小子，第一天就向老师挑战了！

从那一刻起，我就记住了这个戴眼镜的男生——杰明。回到办公室，我再次查阅了他的户口档案，户口上户主是他外公。他和外公一起住？

二、挑战

打从那次班会以后，杰明就真的对我发起了"挑战"：他上课要么说话，搞小动作，要么学老师说话，扰乱课堂秩序，很少认真地听完一节课；下课追逐打闹，喜欢逗女同学，还喜欢围着老师开玩笑；中午不但不休息，反而违反纪律，影响其他同学休息；作业不做，即使做了，也未做完，书写相当潦草……每天不是科任老师就是学生向我告状。这些情况让我很恼火，我不断地找他谈话，不断地警告提醒他，必须遵守学校的各项规章制度，以学习为重，按时完成作业，知错就改，争取进步，争取做一个他人喜欢、父母喜欢、老师喜欢的好孩子。他总是口头上答应了，事后又一如既往，毫无长进，真是"承认错误，坚决不改"。各科单元测验下来，除了语文和政治，其他科目都亮起了红灯。此时我的心都快冷了，心想算了吧，或许他是根"不可雕的朽木"，但又觉得身为班主任，不能因一点儿困难就退缩，心里一度很矛盾。一次下班后，我和同事聊起杰明，同事告诉我这次单元测验，杰明又没有及格，拿到试卷，他就像受伤了的小动物一样垂头丧气地回到座位上。

为了考试不及格会垂头丧气？我心里一喜，他应该不是一块朽木才对。

三、走近心灵

这天放学后，我把杰明留了下来。为了有针对性地做工作，我决定先让他认识到自己的错误，树立做个老师喜爱、家长放心的好孩子的思想。

我轻声问："为什么在小学的时候总是气你的英语老师？"他不好意思地回答："因为她常常批评我。"我顺着问："老师为什么会常在课堂上批评你，你知道吗？"他说："因为我常违反纪律，没有按时完成作业，书写也不工整……""你已经认识了自己的错误，说明你是一个勇于认错的好孩子，但是，这还不够，你觉得应该怎样做才好？想要改正错误吗？想做一个老师和爸爸妈妈都喜欢的孩子吗？"一提到爸爸妈妈，杰明不说话了，过了一会儿泪珠从眼眶里滑落下来。好一会儿，杰明小声说："老师，我想我姐姐了……"我之前并不知道他还有一个姐姐。"我已经有两年没见过我姐姐了，老师，为什么爸爸妈妈分开就不许我和姐姐见面？大人的事和我们小孩有什么关系？"我顿时明白了，我之前的猜测是正确的，杰明是单亲家庭的孩子。我对杰明说："杰明，你是个小男子汉了，不要哭！你跟着妈妈和外公家里人住是吗？""我住外公家，妈妈在外面做事，周末才能回来一次。"杰明说。"妈妈工作辛不辛苦？""辛苦。""你心疼妈妈吗？想不想能天天看到妈妈？""想！""那你想想你妈妈为什么这么辛苦？你怎么样才能让妈妈不再辛苦？""等我有出息，能养活妈妈的时候，妈妈就不用出去挣钱了！""是啊，等杰明有出息了，你妈妈就不用那么辛苦，你也能靠自己去看姐姐了，你说是吗？那杰明知道要想有出息，你就得好好努力读书，考上高中，今后考大学，找份好工作。对不对？像现在你的成绩是不行的，你很聪明的杰明，你应该把精力放到学习上来，持之以恒地好好学习，一定会有进步的，有问题来找老师，老师一定帮助你！"杰明抬头看着我，点了点头。

四、转变

打从那天以后，杰明像换了一个人一样，上课认真听讲，积极举手发言，作业按时上交。在周记上，他高兴地记录着自己的变化："老师，上周您找我因为违纪，被您找去谈话六次，这周只有三次哦！""老师，我对学习产生兴趣了，原来我只要努力学习，也可以及格的。老师，我一定加油，争取成为让老师和妈妈满意的好学生、好孩子！"我在他的周记本上写道："你的进步，老师看到了！继续加油，小男子汉！"

但是前进的道路不会总是一帆风顺的，由于他落下的课太多，发言经常答不对，独立完成作业也成问题，渐渐地他对自己失去了信心。他对我说："老师，为什么我总是比不上别人？"我给他讲了"心不在马"的故事：有一个年轻人，师从一个骑术大师学习骑术。几年下来，年轻人学到了师父所有的本事，但是依然赢不了他的师父。年轻人问："师父，为什么我学到了你所有的本领却还是赢不了你呢？"师父答道："因为你在同我比试时，总是望着跑在你前面的我，却从来没有在意过你胯下的那匹马。""只看着前面的人是没有用的，要自己的马好才行，是吗，老师？"杰明说。"是呀！你很聪明，你知道在学习上你的'马'是什么？"我问道。"是我自己吗？"杰明问。"要先搞好学习，就得从自己身上找原因，不要只看着比自己强的同学，应该先战胜自己的弱点，找到自己的方法，这才是带着你奔向成功的'好马'！"听了我的话，杰明点了点头，脸上露出了笑容。

后来的日子，杰明的成绩有了不小的进步，虽然偶尔也会犯点小错误，有些科目还有不及格的现象，但他越来越自信、越来越努力了，老师们和同学们对他的投诉少了，甚至偶尔还能听到大家对他的赞誉。学校的校运会上，他一口气报了男子1000米、400米、4×100米接力赛三个项目。看到项目那么集中，我劝他考虑把其中一个去掉，他笑着对我说："老师，相信我，我能行！"运动场上，他奋力拼搏，拿下了一个第一名、一个第二名的好成绩，为班级争得了荣誉，更证明了他自己的那句话——我能行！

五、成绩

期末考试，杰明奋起直追，总分比期中考试的时候整整多了80多分，从班上的40几名一跃到了23名。总结会上，他如愿以偿地拿到了颁给他的"学习进步大奖"，接受了同学们欣赏的目光和雷鸣般的掌声。在上学期的最后一篇周记上，他写道："老师，谢谢您。在我缺乏自信的时候，是您燃起了我拼搏的勇气；在我一度想放弃的时候，又是您第一个站出来给我鼓劲。虽然您大我不多，但在我心里，您就是我第二个妈妈！"

魏书生曾经说过这么一句话：走进学生的心灵中去，你就会发现那是一个广阔而又迷人的新天地，许多百思不得其解的教育难题，我都会在那得到答案。爱是教育的前提，只有深爱教育的对象，走进教育对象的心灵，教育者才有教育的积极性和主动性。相应地，受教育者只有真正感受到教育者真挚的爱，才会从情感上、行动上真诚地接受教育。

给后进生多一些关心，多一些耐心，鼓励他们扬起自信的风帆，克服自己的缺点，奋力前行，相信他们会在爱的阳光下茁壮成长。

给予真情，永不言弃

梁伟芬

我国著名教育家陶行知先生曾说："真的教育是心心相印的活动，唯独从心里发出来的，才能达到心的深处。"刚开始觉得这对老师的要求有点高，但随着从事教师教育工作年限的增长，我对这句话的理解越来越深了。

毕业十多年了，我和学生的故事几乎每天都在发生，有开心愉悦的，有黯然神伤的，有激动不已的，也有忧心忡忡的，但有个学生的故事一直让我难以忘怀。

那年的高一，接了新班，班里一名姓周的男生，刚刚开学就主动来找我了。本以为是来申请当班干部的，还想委以重任，难得有这么主动的男生。可是他一开口，就让我大为惊讶。

"老师，我觉得东涌中学不适合我，我想转学……"

"为什么？"

"我觉得东涌中学没有番中、仲元好。"

"那现在你想怎么样？"

"我想转学，可是我爸爸不同意，所以我想让你跟我爸爸说说。"

"我们学校确实有些地方不如番中、仲元，可东涌中学也有自己的优势，近几年我们学校高考成绩不断有突破，所以高一录取的分数也在逐年提高。你报考我们学校的时候应该是很清楚的。"

"我知道，当初是为了保底，爸爸要求我才报的。我就是不喜欢这里，我觉得这里没人家校园大，同学也没人家厉害。我以前好多同学都考出去了（仲元或番中），我只能待在东涌的乡下中学。"

"你是重点班的？"

"是的，我以前在班里排名前几。我报了番中，没想到中考失手了。"

"原来是这样，那你现在想我怎么帮你？"

"我希望老师你能帮忙跟我老爸说说，让他帮我转出去。"

"你想转去哪？"

"番中，或者其他学校，总之我就是不想留在东涌。"

"你才刚来我们学校，怎么就不喜欢这里呢？和同学相处不来？还是觉得老师对你不好？我们学校真的挺不错的，每年都有不少学生争着要进我们学校的。"

"我没有说这里的老师不好，跟同学也没有什么，只是觉得东涌没有市桥的学校好。"

"为什么觉得不好呢？"

"我的那些同学都考去那儿了，有些成绩并不比我好的也考出去了。可是我……"

"在我们学校，按入学成绩，你属于中等。像你所说，是因为发挥不好，那意味着你有很大的提升空间，很快就可以成为我们的优秀学生了。当班干部、参加竞赛、活动等机会肯定很多。你有了更多锻炼的机会，可以让你三年的高中生活更精彩。假设你真能转到番中去，但你有没想过，那边高手如云，竞争那么大，你能跟得上吗？能超越你前面的成百上千的同学吗？有时候是塞翁失马啊！也许东涌更适合你的发展，为何不尝试接受这个事实，安心留在我们学校呢？"

"总之，我就是不想待在这里，求求老师你帮忙跟我爸爸说说，他很固执，不愿意我转学，他说东涌中学好。"

"……"

这是我们第一次聊天，我的感觉他是心里有包袱，而且有点自负，觉得重点班的考生到我们学校来很委屈，而且很没面子，因为他的同班同学许多都考出去了，可以说，他从心底里拒绝这个新学校、新班级，拒绝接受录取到东涌中学的这一事实。

聊天结束后，我跟他爸爸取得了联系，把他的情况如实告诉了他爸爸。他爸爸其实认为我们学校很合适他儿子，所以坚持不帮儿子转学或退学。于是我和家长达成共识，努力去改变他片面、主观的想法，使他尽早回到学习的正轨上来。

此后，聊天的次数、列举的道理与实例不计其数；和家长的电话与面谈也记不清有多少了。一星期、一个月、半个学期，他睡不好、听不进、记不牢，不能自拔。在中段考前终于露出了一线曙光——他终于答应再坚持一下，试着努力去听课。可中段成绩一出，我之前的努力全部付诸东流了，一切又回到了原点。年级总人数407，他排369名，比入学时的排名215退了154名，对这个曾经的优等生造成了沉重打击。古语云，"男儿有泪不轻弹"，可他在我面前却泪流满面、泣不成声，他觉得自己真的无法摆脱这样的困境，真的学不下去了，必须转学或退学了。

看着彷徨与无助的他，我的心很痛。难道这就是自己千方百计努力换来的结果吗？他还能回到正轨、安心学习吗？要不就这样放弃算了，真的很纠结！

一如既往，和风细雨地促膝谈心，和他分析现状并鼓励他："中段没考好是因为心理没有调整好，不是缺少学习能力造成的。你一直是优等生，我相信你有这样的实力，从中段考开始自己的新生活，把中段考作为自己的新起点。虽然比别人晚一点，但许多同学都是用了1个月、甚至更多的时间来适应高中的生活，所以你比别人只晚一点点，以你的聪明才智一定能跟上的……相信天生我才必有用，我觉得你肯定行！相信你能做得到！"

自此，我想方设法在全班面前表扬他、激励他，让他重新找回自信；学习上以相对成绩较好的化学科入手，让他以此为突破口，努力听进去，争取进步；与科任老师联系，注意他的动态变化，多关注他，多提点、多表扬。当然这也离不开家长的配合，只要他一有进步就告知家长，用激励法不断促其进步。经过不懈的努力，他的期末考试级排115名，进步了254名，久违的笑容出现在他的脸上，那份曾经的自信与属于青年人的朝气终于又回到他身上了，我的坚持不懈终于得到了满满的回报。

"没有爱，就没有教育。"从此往后，不管遇到多大的困难，遇到再顽劣的学生，我马上就会想到他。因为我坚信只要心里有爱，只要坚持不放弃，就会让自己变得强大，就能走进学生的心里，学生就愿意亲近我、接近我，从而"亲其师而信其道"，让教学教育工作开展顺利、有效，更能从中享受到教育的乐趣，更让自己不断地成长。

冲动是魔鬼，学生打架了！

陈文旭

犯错误是不可避免的，而且，在大多数情况下，一个人在犯错误之后怎么做，要比错误本身更加重要。

——鲁道夫·德雷克斯

2018年8月，开学我接手了高三教学以及班主任工作。这个全部新面孔的理科班，大部分学生来自老城区，接手之前听说大部分学生的素质还不错，听话、礼貌、懂事、热爱学习，我对他们的期望比往届的学生都要高很多。但我还没来得及注意到学生之间的恩怨矛盾，突发事件就爆发了。

"陈老师，你班有学生在饭堂打架了，你快点来呀！"张老师在电话里面急坏了。

"现在是什么情况？学生还在打架吗？"我急忙问。

"你班打人的那位学生已经走了，有没有受伤我不知道。但是我班被打的两位学生在我办公室，一个手有点轻微脱臼，另一个脸颊有点擦伤。"张老师十分紧张地说，"我先送学生去医院处理，一会儿晚自习的时候我们再一起召集学生，了解事情的真相和商议解决的方案。"

"好的，好的，张老师那先辛苦你跑一趟医院了。"我感谢地说。

若是以往，我肯定是对学生进行批评教育和讲打架的危害，很少认真地去聆听他们内心的那些"歪理"，总是对他们严重盯防，派班干部留意闹事学生的行为，定期进行汇报，用阻隔矛盾个体接触的办法避免再发生类似的事情。但是这两年多自加入李苑珍名班主任工作室以来，在接触了积极的心理暗示和正面管教之后，我觉得认真了解一下他们的内心想法，再加以合理的引导，或许可以真正地化解这类矛盾。

晚自习很快就到了，我去班上巡查的时候，发现参与打架的S同学也来了。他看见我走进来，整个人十分紧张。估计他也知道，打架的事情班主任已经知道了。我从他身边走过，把教室巡视了一遍，看他紧张的表情舒缓些了，走到他身旁，低头说道："你过来一下办公室，有事找你。"

晚修的办公室里，环境比较安静，晚上同事恰好也不在，适合敞开心扉聊聊。

"为什么打架？"我问，"打架是要被处分的，你不怕处分吗？"

"他从高二开始，多次在微信朋友圈暗暗地骂我，而且说得很难听。"S学生有点愤怒，气还没消，"我跟他以前是有过节，今天他打饭路过，我不小心绊了一下，于是他们两个人一起过来打我，难道我要挨打不还手吗？"他这时候还没有认识到自己的冲动。

"有哪里受伤了吗？"我故意关心地问，"要不要紧？需要去医院检查吗？"

"不用，只是手腕有点痛而已。"

"你下手太重了，对方两人被你打伤了，刚刚去医院处理完。那现在你打算怎么办？"他沉默不语。此时，我恰好想起了《宰相肚里能撑船》的故事：

三国时期的蜀国，在诸葛亮去世后任用蒋琬主持朝政。他的属下有个叫杨戏的，性格孤僻，讷于言语，蒋琬与他说话，他也是只应不答。有人看不惯，在蒋琬面前嘀咕说："杨戏这人对您如此怠慢，太不像话了！"蒋琬坦然一笑，说："人嘛，都有各自的脾气秉性。让杨戏当面说赞扬我的话，那可不是他的本性；让他当着众人的面说我的不是，他会觉得我下不来台。所以，他只好不作声了。其实，这正是他为人的可贵之处。"后来，有人赞蒋琬"宰相肚里能撑船"。

听完故事，他若有所悟，开始后悔自己因为冲动酿下了大错。于是我又给他讲了《化干戈为玉帛》的故事：

清朝康熙年间有个大学士名叫张英。一天，张英收到家信，说家人为了争三尺宽的宅基地，与邻居发生纠纷，要他用职权疏通关系，打赢这场官司。张英阅信后坦然一笑，挥笔写了一封信，并附诗一首：千里修书只为墙，让他三尺又何妨？万里长城今犹在，不见当年秦始皇。家人接信后，让出了三尺宅基地。邻居见了，也主动相让。结果成了六尺巷，这个化干戈为玉帛的故事流传至今。

听完故事后，当天晚修他便上交了检讨书和道歉信。第二天，被挨打的学生也开始检讨和反思自己的行为。在办公室里，他们互相握着手，豪气地说，以后一定学会尊重别人，不重蹈覆辙。当然，最后学校德育处根据校规对他们进行了处理，他们也坦然地接受了处理的结果。

有时候，学生的矛盾就是因为一些小事引起的，如果我们不尝试解开他们心中的死结，可能种下的就是仇恨的种子。相反，如果我们通过一些合理的引导，往往学生之间还真的"不打不相识"，最后还成了挚友的实例也是存在的。

让爱与信同行

蒋俊霞

十年前，我登上了梦寐以求的教师舞台。还记得第一次踏上那三尺讲台时，感觉真好，因为舞台下全是一张张充满希望、朝气蓬勃的笑脸，他们正用友善的眼睛看着我，他们正用热情的掌声欢迎我，那一刻，我知道，我爱我的职业，我爱我的学生！特别是我结婚生子以后，我更喜欢把我的学生称为孩子。可能是出于一种母性的本能，在我的眼里，十几岁的孩子是那么的可爱，我愿意这样给自己定位：在家里，我是一个孩子的母亲，在学校里，我是一群孩子的母亲。

还记得那年的6月，台风提前侵袭广东，闷热的白天一下子变成恐怖的黑夜，狂风暴雨肆无忌惮地袭击着校园。我吃力地撑着伞，扶着业华同学走向车棚，但风雨并没有对我们这位生病的孩子给予怜悯，而是更无情地吹打着我们。短短50米的路程，我们走了快10分钟，雨伞也不知道被打翻了多少次，我们的衣服很快都湿透了。

"孩子，能支持住吗？"我关切地问道。业华的脸色很苍白，她点了点头。我把她扶上摩托车，为她整理好雨衣，让她抱紧我，然后小心翼翼地驶向东涌医院。狂风好像在我的车轮上放了几吨重的杠铃，异常沉重，寸步难行，冰雹似的雨水打在我的头盔上，使我的视线更加模糊了。我只能努力地把着车头，生怕有丝毫闪失。不知过了多长时间，我们终于安全到达医院门口，也看到了业华的家人，这时我才松了一口气……

晚上，业华的母亲打来电话，说了很多感谢的话。其实在我看来，我的举动微不足道。试想一下，自己的孩子生病了，不管是夜深人静，还是狂风暴雨，或者大雪漫天，做父母的肯定会想尽一切办法，第一时间把他送去医治，这就是做父母的心态。我爱我的学生，所以我能做到。

此后，每次跟业华交流时，我发现她的眼睛里少了一份陌生与敬畏，多了一份信任和感激。

还记得上学期的一个晚上，电话响起来了，里面传来了熟悉的声音，是我们班梓健打来的。他哭诉着说，早上去上信息课的时候，被管理楼层的老师误以为他们要去串班，惹是生非，或者企图破坏厕所的公物，最后导致邻居的小孩也误以为他在初中学坏了，他感到没有面子，很委屈……在电话的这边，我耐心地听着他的诉说，一边安慰他，一边跟他分析事件的缘由。等他平静下来后，他也意识到自己串楼层是不对的。我跟他说，我相信他没有做坏事，明天我就会调查整件事。我还说，人生不如意事十之八九，有时候被人误会也是避免不了的，当误会真的发生了，我们就要学会坚强，学会勇敢面对，这是人生的一大课题。

第二天的他，眼睛有些浮肿，但应该想通了。他提出想跟昨天那位老师道歉，并好好地跟那位老师解释清楚。最后，事情得到了圆满的解决，确实是一场误会。

一夜之间，这位孩子成长了，变得乐观、坚强、勇敢。后来他还送了一盒巧克力给我，感谢我对他的信任。

接过他的礼物，我顿时感到这份礼物的重量，它不仅饱含着这个男孩纯洁的感恩之情，还蕴含着他对老师的那种崇高的敬意。捧着这份礼物，我感到非常欣慰，也感到任重道远。

冰心曾说："有了爱，便有了一切；有了爱，才有教育的先机。"我坚信，关爱孩子，孩子才能学会关爱；信任孩子，孩子才能学会信任。有爱，才有教育；有信任，才有教育。

让我们教育工作者携手同行，让爱与信同行！

新起点，新征程——孩子们，
随我一起出发吧！

李苑珍

随着2014年9月的到来，我们又开始了新的征程。到了高二要重新分班，意味着高一的班级全部打散，分成文理科，每个班又像高一新入学时一样，一切都要重新开始。虽然是这样，但我依然怀念去年的高一（10）班，那帮熊孩子虽然没少让我操心，但带给我的更多是快乐。有许多美好的回忆，有许多可爱的笑脸在我脑海里如影相伴。

我现在带的理科班共55人，男生34人，女生21人，把教室坐得满满的。

理科班，呵呵呵，当然是帅哥多！班长小星星是我们班的"一哥"，成绩顶呱呱，还长得高，180以上，每次跟他交流，我都要仰头。高而帅的还有体委以及我的语文科代表，高度都打破了我所带班级的历史记录，成为史上最高班长、体委、语文科代表，自从他们做了班干，我感觉我的颈椎病都好一点了。班委里还有几个女汉子，蛮能干的，又是一群得力干将！我们一起努力！

每接手一个新班级，都是从了解学生开始。第一周我就摸清了班上所有学生的家庭情况、学习情况、个人喜好、特长等，这样也可以更好地与学生交流。

虽是老班主任了，但每个班级特点都不一样，所以措施也不一样。班规需要重新制订，要求也要根据班级的情况而定。有几个新措施，试用两周，感觉很不错。

一是值日班干轮值制度，分了四个小组，一个小组一周，四周轮一次。目前轮到的同学都能认真履行职责，班级秩序良好。

二是成立了几个部门，分别是纪律部、文化部、生活卫生部、礼仪部和综合部，选举了各部门部长及成员。纪律部负责维持班级纪律，制止班级不良行为；文化部负责教室文化布置、美化环境、图书管理等；生活卫生部负责班级卫生环境，督促卫生清洁并主动净化教室，负责每月生日会；礼仪部负责班服校服的检查，每日仪容仪表检查等；综合部负责各种比赛队形队列、圆凳管理、教师设备维护、运动会筹划等。目前他们的工作进行得有条不紊。

三是建立了以我为群主的班级QQ群，主要用于班级同学交流、师生交流、发布消息、解答疑难等。这个群的建立，我感觉非常好。一方面我可以随时发布通知、消息，另一方面我也可以随时与学生沟通，如果我发现某个学生上课表现不妥，需要叮嘱几句，我就会给他（她）留言，及时提醒；如果发现他们的情绪不对，我也可以用文字的形式及时疏导。这样的沟通方式有时比面对面的师生交流更有效。

四是全班轮流开讲《论语》。开学到现在，我发现许多学生不但缺乏基本的判别是非的能力，而且在个人修养方面也有待提高。他们中有许多人内心其实非常空虚，不知自己该做些什么，也不懂活着及生命的意义，个人的价值该如何体现，思想境界普遍不高。为了让我的学生成为有朝气、有思想、有理想、有追求的具有健康人格的新一代青年，我决定利用语文老师的优势，开讲传世经典《论语》。每天一位学生讲一则，一年下来基本可以把整部《论语》讲完。古语云："半部《论语》治天下。"我不奢望孩子们学了《论语》就成为什么大家，但我可以确认，学完《论语》，对孩子们的性格、"三观"、情操肯定会有一定的影响。学经典也可以让孩子们认识到古代哲人及传统文化的魅力。

五是尝试着用积极心理学的期望理论管理班级。给孩子们积极的期望、正面的鼓励，让他们更阳光更健康地成长。给每一个孩子营造一个良好的教育环境，给每一个孩子自信，让他们自由生长！

这是一个新起点、新征程，孩子们，随我一起出发吧！

给孩子一个机会，他还你一个惊喜

张培君

高二了，学生开始分文理科。还记得刚刚接手高二这个理科班的时候，他是班里一个调皮的学生。高一时接触过他，知道他是一个比较贪玩的，大毛病没有，但小毛病一堆的学生。因为他是一个比较会玩的学生，所以在班里的号召力也很强。于是在班级初建之时，我冒出了一个大胆的想法，不妨初定他为我们理科班的男班长！于是有了我与他的第一次对话。

"我想让你做我们班的班长，你可以吗？"

"老师，不好吧，班里面有很多比我优秀的学生，而且我毛病挺多的。"

"这些我都知道，但我知道这些都是你在高一时的表现。现在高二了，我希望你有一个新的开始，而且我也想让理科班的男生知道，你是一个贪玩的学生，但是如果你认真起来，你一样会很好地管理自己，该玩的时候放开玩，该认真的时候就能安安静静的认真。我们现在是理科班，有很多顽皮的、调皮的男生，我想你给他们树立一个榜样！你有信心吗？"

"那好吧，老师，我试试。"

"不仅是试试，既然决定要做，就一定要做到最好，你要做全班男生的榜样。"

"老师，我不会辜负你的信任的！"

接下来的一个月，他在行为上、学习上都有了很大的进步，连他的兄弟都说，他脱胎换骨地改变了。一个月的努力为他换来了月考的优秀成绩，但随之而来的却是他开始变得有点骄傲和松懈。俗话说，江山易改，本性难移。月考后的那段时间，慢慢地，他很多小毛病又出现了，迟到、作业没交、晚修讲话等等。恰巧这时他犯了一个很严重的错误，被学校领导抓住了。当时的我被他气得火冒三丈，于是有了我们下面的这次对话。

"你怎么回事啊？怎么又变得这么调皮捣蛋了？你怎么能做这么恶劣的事！"

"老师，其实我知道我错了，我当时太冲动了，我现在冷静下来了，我知道错了。"

"你还记得刚开学的时候，我说你要为我们班树立一个榜样，你觉得你现在还能起到这个榜样的作用吗？"（当时气炸的我想马上就撤了他的职）

"老师，其实我在高一的时候也当过班长，但是也坚持不下来，过一段时间我的小毛病就犯了，后来老师就把我炒了。老师，你觉得我能当好班长吗？"

听到他的话，我一下子被激醒了。是啊，我刚刚也有过这个念头，气头上的决定往往都是不成熟的，冲动是魔鬼！于是我冷静了下来，决定再给他一次机会。

"综合你最近的表现，你不是一个合格的班长，但是你现在的态度让我觉得你有心改变，你想让老师再给你一次机会吗？接下来就是学校的合唱节了，你负责组织班级的合唱活动，可以吗？"

"老师，我想我可以的！"

于是，我又看到了他进取的一面，组织同学选歌——《友情岁月》、剪辑音乐、组织排练、请音乐老师指导，如火如荼地开展着。音乐老师委婉地跟我说这首歌不适合合唱，我给他转达了音乐老师的意见，此时距离初赛只剩下不到一周的时间。他二话没说，马上请教音乐老师，换了一首合适的歌曲，重新剪辑音乐，然后又组织班里的学生中午留下来重新排练，请音乐老师指导，连课间时间都组织同学练习。看着他忙碌的身影，充实的工作让他整个人都朝气十足，而另一方面我又有点担心会不会耽误了学习，因为马上也要中段考了。而他只回了我一句"老师，你放心！"

一分耕耘，一分收获，我们的努力没有白费。合唱比赛我们班拿到了校二等奖（虽然他说不是很满意，没拿到一等奖，但其实已经很不错了），中段考班级成绩年级第一！

经过这件事，我反思自己的教育，青春期的孩子，特别是男孩子，容易冲动、叛逆，他们独立意识强，不想再受大人的约束，但因为缺乏社会经验，又容易做错事。所以当他们犯了错误的时候，老师是不是马上就否定他们呢？其实，不妨再给孩子一次机会，给予他正确的引导，说不定他会还你一个惊喜！

和风细雨润孩心

梁丹娜

"教育不就是使人向善向上吗？""如何读懂我们的孩子？""怎么听，孩子才肯说？""你经常称赞自己的孩子吗？最近一次称赞是什么时候？"……

这些问题都是曾经参加区中小学德育骨干教师高级研修班学习时，导师向我们随堂提出的，也是一直萦绕在我脑海中让我最深思反省的。尤其是最后一个关于称赞孩子的问题，让我回忆起这些年走过的教育岁月：自己是否在对孩子的称赞上显得有些吝啬？是否真正走进孩子的内心？为人师表，很多时候，我们以为每天和孩子讲多少话，说多少自认为的大道理就是交流沟通，就是教人育人，其实，如果我们没有换位思考，不会设身处地地从孩子的角度考虑问题，最终结果就是我们所谓师者的金玉良言往往只会从孩子的左耳进，右耳出，根本达不到教育的效果，更有甚者会产生教育屏障。

一、因材施教，呵护孩子内心

曾看过一篇教育文章，对其中的一句话印象深刻："无论是青春年华的教师，还是岁月的沧桑已写在脸上的教师，都必须保持童心，走进孩子的心灵，做他们的良师益友，这样才能够接近孩子，共筑自理、自立、自强的心桥。"这位教育者在文章里写到，遇到教育差甚至屡教不改的学生，他通常的做法是角色换位，情感换位，设想几个如果：如果我是他，得不到老师信任，我怎么办？如果我没做错，却被冤枉了，会怎么样？……是的，在屡次经历了与孩子们面对面的"碰撞"，对于接任班主任工作多年的我，感慨万千。面对千差万别的学生，教师"因材施教"的宗旨应该是真诚、理解、热爱、耐心，从语言到感情，从思想到行为，都要以师德来规范自己，以师爱来感染孩子，以行动来亲近孩子，和风细雨，最终才能温暖孩子的内心世界。

案例一：无声抗有声，真的是这样吗？

记得某一年接手初一新班，小A给我的印象很深刻，他是班上公认最沉默寡言的小男孩，每天都静静地坐在位置上，好像被人遗忘在角落里。他的成绩一直在下游徘徊，究其原因是懒在作怪，上课发呆，不愿意做笔记，欠交作业更是家常便饭。每次找他谈话时，给我的感觉总是"碰壁"——自找麻烦。无论怎么苦口婆心、耐心谈话，他都无动于衷。就是这样一个金口难开的小家伙，让人可气又可恨，根本没法走进他的内心世界。谈话每次都不了了之，碍于他事后又肯补交作业，我只能习以为常，直至一次事件的发生。

某日早读课，我发现小A又忘记带课本。于是我示意让他到走廊外向我解释原因，我轻声细语地问了他好几次，他依旧不愿说话，只低着头，无声地与我抗衡。我火了，一股莫名的怒气直冲后脑，于是我丢下他不管，径直走进课室。原以为他会开口，等我满怀希望地回到走廊时，发现此时的他泪流满面。顿时，我慌了，想不到他漠不关心的外表下还有这么一颗脆弱的心灵。我俯下身，非常诚恳地向他道歉，并哄了他很久，他才不情愿地止住落泪。

事后，我主动联系了小A的家人，了解他的情况。据说他在家也是沉默寡言，只爱玩，尤其爱打乒乓球，家人也拿他没法，小学时成绩还不错，上了四年级就开始跟不上，被老师骂了一句"你真蠢"，之后一直都不肯学习，就这么懒懒散散地升上了初一。原来小A曾有过这种经历，我不禁对这小孩产生了怜悯与自责。

第二天，我找到小A，为先前过重的言行再次向他道歉，发现一丝疑惑从他眼神一闪而过。接着，我坚定地对他说了一句："听说你乒乓球打得不错，学习肯用心的话，肯定也能学好。"自此，他开始肯交作业了，上课时也愿意动手记笔记了。他稍微有点小进步，我就及时给予赞许。慢慢地，我欣喜地发现，他的学习劲头跟上了。这是他的一次作业：如果我是春雨，我将滋润人们的心灵；如果我是清风，我将唤醒人们的良知。当我在全班宣读他的作业时，班上响起了热烈的掌声。

从那时起，我的教育笔记里添上了这句话：每个孩子都有独特的敏感和自尊，他们的心灵都是脆弱的，都需要我们花心思去小心呵护。

二、理解包容，温暖孩子世界

教育的前提在于以一颗宽大的心来了解、引导。对待犯错的孩子，教育的目的就是把这些不利的消极因素通过适当的渠道转化，引导出积极的、有利的因素。身为教育者的我们，应该给他们一个犯错——认识——改正的机会，以理解和包容来对待他们的错误，在纠正和适当惩罚并让他们意识到自身错误的同时，不能羞辱、嘲弄甚至打骂孩子，这是我们教育者必备的素质。

案例二：学生顶撞，你该怎么办？

我曾接触过一个插班生B同学，他初二下学期转到我们班，特牛的家伙。"妈的"，B同学当着全班同学的面，对我公然顶撞，当场把我气得脸都涨红了，一番好意竟换来如此结果。缘由是这样的：B同学成绩极差，上课不守纪律，作业不愿交，脾气特火爆，对同学常常出言不逊，还屡教不改。我只好在班会课上点名批评，谁知他却……这叫我班主任威信何存？我生气极了，立刻叫他去办公室，得到的还是不理不睬，我俩开始对峙，全班一片沉默，静得特难受。

好不容易熬到下课，回到办公室。"真的不能宽恕吗？"这句话一直萦绕着我。其实，我一早就清楚他的情况，父亲因吸毒还在坐牢，母亲离婚后丢下他走了，他现寄居在叔叔家，由叔叔抚养。寄人篱下，自卑无奈，对，是生活的不幸造成他现今的行为，他唯以暴烈的对抗发泄对生活的不满，用发怒或顶撞别人来保护自己那可怜的一点自尊。"对于这种学生，千万不要跟他们硬来，只能'冷处理'，等他们冷静下来，软硬兼施、双管齐下，就可以制服他们。"内心的自己说话了。我顿悟，心情也慢慢平复。

下午的课照上，我只若无其事地在班上提了一句："犯错在所难免，关键是如何补救。"果然不出所料，不出三天，碍于群体压力，可能也心亏，B同学主动来找我，恳求我原谅。我答应了他，还向学校请求免除了对他的处分。没想到他居然还写了一份检查悄悄放在我办公桌面，而且写得很诚恳，还提到了"对不起老师"等字眼。果然，他的态度比以前好多了，上课纪律明显好转，最起码，作业开始按时上交，和同学的关系也缓和了。后来，他还尊称我为"娜姐"。

孩子犯错顶撞，是用尖酸刻薄的语言来奚落、讽刺、挖苦，对他们进行戏弄呢？还是不管三七二十一进行变相体罚？抑或直接打入冷宫对其不闻不问？这个案例，给我上了一堂深刻的教育课：辱骂管教不好的孩子，用错误的方式管教孩子，不可避免的后果是摧毁自尊、打击自信、扼杀智慧，最好的办法是"冷处理"，用理解来对待孩子的过错，用宽容来温暖孩子的世界，最终赢得孩子的信任与尊敬。

三、爱心耐心，引导孩子未来

案例三：学生逃学，你该如何处理？

常说初二阶段是学生们的叛逆期，他们贪玩、好动，对新事物充满好奇心，又喜欢自作主张。初二下学期，我班的小C就是很典型的一个，他喜欢打游戏机，好讲所谓的江湖义气，因家庭忽视对他的管教，又结交了社会青年，并且在他们的影响下开始抽烟，觉得读书无聊没用，渐渐自我放弃。在某天家长不愿给他零花钱时就耍脾气不愿回家，甚至不来上学。

这类孩子叛逆心特强，而且又好面子。在他没来上学的那天，我及时和他家长取得联系，了解到他前天晚上和家人闹脾气后没有回家过夜的情况后，就私下找了班上和他接触过多的同学，打听他平时比较喜欢去的地方，包括游戏机室和休闲室等。然后，我通过QQ班群单独给他留言，表达了自己和家人对他的担心。折腾了一天，他第二天上午开始在QQ里出现。就这样，通过我苦口婆心的劝说，他终于回家，当天下午也回来上学。

面对这样的孩子，我们除了爱心，还要给予他们加倍的耐心，在了解他们的个性、爱好后，再寻找适合的教育方法，动之以情，晓之以理，在引导他重新塑造价值观的同时，也要给他创造自我发展的机会，必要时还可以给予一定的目标激励和物质奖励，慢慢引导他往正道上发展。

四、结语

来自北京师范大学心理健康与教育研究所的边玉芳导师说过："我们接纳的是孩子的感受，不是孩子的行为。"她在"怎么听，孩子才肯说"的教育建议方面，给我带来一定的启示。不管怎样，我们首先得让孩子平静下来，然后与其分析原因，最后让孩子知道应该怎样做。苏霍姆林斯基说过："赞扬学生极微小的进步，比嘲笑他更显著的劣迹更文明。"要改变这群透明纯真的学生，需要和风细雨去滋润学生的内心。

"教师的师德、品行、涵养、生活，以及他对每一现象的态度，都这样那样地影响全体学生。"教育就是一种培养人的活动。良好的教育应该建立在尊重与信任的基础上，建立在宽容与乐观的期待之上；良好的教育应该存在于人的心灵交流之中，存在于无言的感动之中。

和风细雨暖孩心，无论为人母还是为人师，这将陪伴我一起成长。

爱与教育

张惠珍

"教育不能没有爱，但爱不等于教育。"班华的这句话给了我巨大的震撼。教育需要爱。

首先，我们应该热爱我们的职业，对教育始终保持着一份追求与热忱，而不是在教育的时间长河里洗刷自己曾经对教育的那一份执着。当教师"苦"，当班主任更"苦"，这的确是无可厚非的事实。特别是我们年轻教师，无论在教学中还是班主任工作上都处于摸索阶段，事事都需亲力亲为，从早上的清洁、早读到晚上巡查宿舍、批改作业，毫不夸张地说，几乎每天都过着披星戴月的生活。在实践与尝试中我碰了不少钉子，有时候更是吃力不讨好，然而，时至今天，我丝毫没有后悔选择了这份职业，因为这些都是甜蜜的"苦差事"。在这过程中，我与学生的感情日益深厚，与学生谈心的时候，彼此的心灵更接近了，而我收获的更是学生对我的满满的爱与信赖，自己的心境也因此越发年轻。旧日的同窗与我聊起毕业后的工作时总会深深地叹息，总会在我面前表达他们对现在生活的不满，由不得感叹一句："出来工作后像变了一个人一样。"我总是幽默地跟他们说："我也觉得我像变了一个人一样，我越来越像高中生了……"

记得在刚开学的时候，学生们都处于适应的阶段，特别想家，这是很正常的事。而我特别注意到我们班有一个学生总是默不作声，脸上也总是露出忧伤的表情，不愿与同学交往，有时从他的脸上甚至能感受到他对新同学的不屑。就在我尝试与他沟通的过程中，他选择了一种特别的方式与我交流。有一天我一大早来就看到桌面上摆放着一本笔记本，封面的右上角还写着"在大岗中学的日子"几个字。我翻开一看，果然是这个男生的日记本。他开始用文字讲述自己内心所面临的痛苦与折磨，比如中考的失利，对新学校的不适应，他还真诚地希望我能够解开他的心结。我仔细地把他的日记看了一遍后，清楚地认识到我必须要善待这位学生的第一次求助，于是我拿起笔在他的日记本上写了两页纸。这件事以后，我特别注意他的反应以及在班上的表现，我发现他的脸上开始出现了笑容，这让我欣喜不已。而他也一直用这种特别的方式与我交流。几个星期后，他在日记本上写道："张老师，感谢你开学到现在对我的照顾，不厌其烦地听我的倾诉，使我摆脱对新生活的不适应感……"我的内心不由得产生一种幸福感。对，我们应该享受我们的职业，一个人只有以享受的心境对待职业才可能获得职业幸福，而学生的爱戴与信赖就是这种幸福感的重要源泉。

其次，我们应该关爱学生。苏霍姆林斯基曾说："一个好老师意味着什么？首先意味着他热爱孩子，感到跟孩子交往是一种乐趣，相信每个孩子都能够成为一个好人，善于跟他们交朋友，关心孩子的欢乐和悲伤，了解孩子的心灵，时刻都不忘记自己也曾经是个孩子。"或许有人曾用过"笨得像猪一样""垃圾"等难听的词语形容学生。但我想，作为老师，这最多只能是我们发牢骚的时候冲动说出来的气话，特别不应该当着学生的面说，这不但不会令学生知道自己错在哪里，反而会引发学生的厌恶。其实孩子总是会犯错的，有时候学生的一些不良行为甚至在自己读书的时光里都能找到影子。因此，我们应该以孩子的眼光去看待学生的错误，以成人的思维去应对学生的错误，而不是盲目的惩罚。我们应该时刻以让学生知错、改错为目的去处理学生所犯的错误，如果可以，为什么不多一点宽容，多一点爱呢？我常常听跟我一样刚刚投入教师工作的朋友说："学生真调皮，总喜欢和我作对。"每次听到这句话，我总是淡淡一笑。仔细一想，其实学生都是渴望能得到老师的喜爱，即使再坏的学生都喜欢"讨好"老师。真正喜欢跟老师作对的学生是极个别的。你有没有发现，有时候他们会故意做点什么来逗你笑；你有没有发现，有时候你的一个笑容会让他们立刻精神起来；你有没有发现，你的一个赞许或是鼓励会让他们的内心充满喜悦。或许这不仅是学生的特质，而是所有人的特质。谁都希望自己惹人喜爱。2009年12月31日，也就是2009年的最后一天，我的学生给了我一份特别的礼物。当我从办公室慢慢步向班房时，我越发听到比平时更有神采，更有力量的读书声，走进教室，每位学生的脸上都露着"狡猾"的笑容。我笑了，他们也会心地笑了。当你的学生犯了错，而你正要暴跳如雷地对他教训一番的时候，先冷静下来，一个人在愤怒的情绪下处事，常常会失去应有的理智，从而得不到应有的教育效果。让我们以爱为出发点去对待学生的错误，给学生多一点爱，他们也会回馈你简单而深沉的爱。

然而，爱不等于教育。

这句话让我想起一部日本电视剧《女王的教室》。电视剧讲述一位粗暴不讲理的小学教师以及人生中初次面对考验的学生在不知不觉中成长的故事。女教师严厉指导的理由，在最终的毕业式之际也变得明朗。这部日剧给一些"讨好"学生的教师狠狠地打了一记耳光。

爱不等于教育，教育并非单纯的迁就与宽容，它更需要智慧。我们应该认识到，什么对学生的发展有利。教育过程并不是单纯的苦口婆心，而应该讲究方法，那么，教育的这种智慧体现在哪里呢？

丰富的理论知识。我认为现在的教师普遍忽略对科学理论知识的掌握。虽然说经验对于教师来说似乎更重要，但我始终认为，一个教师的教育水平若要追求更高层次的提高，理论知识是必不可少的，如教育学理论、教育心理学理论，科学丰富的理论知识能很好地指导教育实践。

宽容有时候是纵容。有的教师舍不得教训学生，或者平日跟学生交往得比较好，互相间的关系极为密切，因此当学生犯错的时候常常以宽容的态度处理。我认为，这是极不理智的行为。教师与学生首先应该是师生关系，然后才可以谈朋友关系。每位教师也应该有自己的原则，该批评的学生还是要批评，即使是你很看重的学生。

搭建师生沟通的桥梁，善于抓住学生的心理。师生间良好的沟通是班主任开展工作的良好基础，同时在教育学生的过程中，我们要善于抓住学生的心理，跟学生打一场"心理战"，这比起我们用批评甚至破口大骂效果要好很多。开学初，学生对高中的生活充满好奇，学习的积极性相对比较高，违反纪律的情况相对也比较少，但随着时间的推移，我发现学生开始出现迟到的现象，刚开始我还没太在意，有一天，四个学生同时迟到，我发现他们正慢悠悠地往教学楼走，顿时火冒三丈，正想大喊催促他们赶紧进教室。这时我留意到其中一位学生已经注意到我发现了他们。我脑子里忽然有了对策。我从容不迫地走到教室，站在靠近门口的地方，内心慢慢酝酿愤怒的情绪，并将它转为脸上的表情。这时，几个学生已经站到教室门口了。我故意瞪了他们一眼，什么话也没说，也不管他们，继续巡视班上的午读情况。几个学生立刻慌张起来。大概过了3分钟，我走到他们前面淡淡地说了一句"进去吧"，接着气冲冲地走回了办公室，脸上还不忘夸张地演绎我内心的愤怒之情，几个学生见状好比热锅上的蚂蚁。我知道，这样默不作声比出口大骂的效果要好，因为，人最害怕的就是未知，我出口大骂对他们来说会更容易接受一些，可我默不作声，仿佛会有进一步升级行动，会令他们坐立不安。果然不出我所料，几个学生放学后都主动来办公室找我道歉，并一五一十地交代了迟到的原因。我觉得我的目的达到了，学生经过这么一次心理煎熬，相信都不敢有下次了。至今，这几个学生都没再迟到过。这就是"心理战"的魅力。

教育是需要爱的，但爱并不等于教育，需要我们用智慧去经营。

记与学生的一次有效沟通

李苑珍

事件：开学伊始，女孩子哭诉压力大，要求转普通班。

我现在所带的班级，是文科实验班。说是实验班，其实成绩很一般，而且大多数都是女孩子，刚分班的那几天，彼此都还不熟悉，各做各的题，各看各的书，课室里安静得快要窒息了。

开学才过了三天，就有一位女生找到我，哭着说："老师，我想转去普通班，实验班压力实在太大了。"我耐心地听她说完，大概意思是看到周围同学都在学习，觉得很压抑；担心自己跟不上，成为凤尾，在普通班怎么都算龙头；没有朋友，没有熟悉的同学。

我一边听一边观察到这个女生其实内心蛮有想进步想学好的念头，于是我笑着对她说："老师可以理解你现在的心情，对同学还比较陌生，对环境还不熟悉，好像很没有安全感。而你高一时在你所在班级很有成就感（这两天我已悄悄地把他们的资料都熟悉了，她在原来班级属前五），现在好像找不到那种感觉了，担心自己在班里面没有位置，是吗？"她连连点头。我说："其实我们现在刚分班，大家都是来自高一不同班级，不熟悉很正常。过几天就好了。高一不也是这样过来的吗？从不熟悉到熟悉，大概只需要一个星期，你跟同学交流是没有问题的吧？"她又点点头，眼泪已经收住了。我这是运用同理心，来获得她的认可。

我接着又说："你不想在实验班，想去普通班的原因是你对自己没有要求，不想更进一步，是吗？"她摇头。"也就是说，你还是希望自己学的更好的。你既想学好，又不想承受压力，就想轻轻松松，无视竞争，可能吗？当今社会，压力无处不在。任何地方，做任何一件事，任何一种职业，包括学生，都要承受压力。实验班有，普通班也有。你有，我有，同学们都有。面对压力，我们要做的不是后退而是要去面对。再说，我们班，我们年级的同学并不是最优秀的，你也不要只看到同年级的学生，你不是跟他们在竞争，你是在跟全省甚至全国的考生在竞争，学校之外，到处是比你优秀的学生，可是，他们比你还要努力一百倍。你不努力，将来被淘汰的就是你。但老师觉得你有不服输的骨气和潜在的竞争力，考大学应该是没问题的，你觉得呢？"我适时分析形势并加以积极鼓励，唤起她内心的自信和激情。

女孩睁大着眼睛听我说话，仿佛已经入神了。直到我说完，她终于破涕为笑，说："老师，听了您一番话，我舒服多了。其实我并不是真正想调班的，我就想找个人倾诉一下，太压抑了。现在心里的话说出来了，又听了老师刚才的一番话，好受多了。"我冲她温和一笑："还想调班吗？"她连连摆手："不了不了。"高兴地回教室上课了。过了两天，我问她适应了没有，她已经变得很开心，说已经适应了，我也看到她和同一小组的成员已经很熟络了，经常在一起讨论问题。

从这件事上我领悟到，学生有时表现出的某种诉求，往往并不是真的希望如此，他们可能就是希望得到一份肯定和鼓励。对待学生的情绪问题，老师要好好地倾听，耐心地分析，及时地鼓励，必能帮助学生化解困惑。

让自信之花重新绽放

陆静萍

寒假结束后的第一天，中午时分，我收到了一位家长发来的长长的信息，信息如下："老师，新年好！祝你身体健康、家庭幸福！我是A君的家长，我想和你们说说A君的事。（这信息是我初七晚凌晨写的，在另一个房间里，A君也在不停的写……）。A君因为作业的事情整夜睡不着，半夜打我电话，叫我到她房间，说有事同我聊聊，只见她一书台的书，手冰凉冰凉的，满脸泪水，同我说对不起，说之前她撒了谎，其实她还有很多作业未完成，明天就要回校了，怕老师批评、怕同学嘲笑、怕爸爸责骂……不知如何是好，她内心很矛盾，不敢、不想回校。我把她拥在怀里，我好心痛，平时我工作较忙，她在家又是长女，也比较懂事，我完全忽略了她，都是表面上关心和嘱咐她。明早她就要回校了，哪怕她通宵也完成不了，我安慰她，睡个好觉，开开心心地回校，老师那边我来帮她沟通。还有我把她发给我的信息转发给你，希望老师能给我意见和帮助。谢谢！"

下面还附上了A同学的信息："这次又没有做完作业，我大概是从小学就开始了吧，每次假期作业总会到最后的时间才开始赶工，经常做不完作业。大人常常告诉我不要做什么都拖拖拉拉，到最后就会后悔。我记得这个训诫，每次都在脑海中保持一个信念，要快点把作业做完，这样就可以无忧无虑地玩了。随着年纪增长，作业量越来越多，我依然保持着要快点做完作业的念头，但依然会到最后几日才赶工。做不完作业会怎么样？被老师父母骂，被同学嘲笑，被亲戚指指点点……我害怕被骂、被责怪。无论一个人用什么语气和我说话，只要带一点责怪的意思，我就会害怕。尽管知道不做作业的后果，可是不知道为什么我还是不会去做，这个大概是年级长所说的态度问题，不是不会做，而是懒得去做。我承认我很懒，但是我真的有想要去改变它，让自己变勤劳，变成大家心中的好女孩，可是依旧徒劳无功，我还是不愿去做，我终究是个懒惰的人。可是为什么我在大家眼中是一个挺勤奋的女孩呢？因为我学会了撒谎，因为我是个两面派，在学校平时表现还算良好，成绩也还可以，作业完成的比较认真，这也是造成我能撒谎的原因，因为我在老师眼中是个好学生，所以我有时没做完作业时说留在家里了或说不见了，老师也没有怀疑。在家里因为父母亲都不太会认真检查我做完作业没有，所以我就经常骗他们说我做完了，然后偷偷摸摸在半夜赶工。但我也并不是真的很懒吧……

上高中后，作业量增多，难度又加大，我常常在晚修时做不完作业，于是就每天4：00起床做作业，到5：30再睡，6：00起来洗漱，室友总问我这样不累吗，我说累啊，但是我不会又能怎么办呢？到现在压力越来越大，总担心自己学不好就又会被骂了，于是撒的谎越来越大，罪恶感越来越多，也越来越后悔，为什么我会变成这样？我害怕，因为谎言总有一天会被拆穿，到那时我该怎么办，我不知道……这次我又没有做完作业，我害怕，我害怕每一个人，害怕你们骂我，害怕你们责备我，嘲笑我，我要怎么做啊，我不知道，我不知道……我好累啊……"

看了信息后，我的心久久不能平静。我从来没想过这样一位在众多老师心目中乖巧勤奋的女学生，文字里头表现出来是如此的无助和缺乏自信。我开始反省自己是不是忽略了什么。嗯，是的。在德育工作中，我们常常把眼光关注在尖子生和那些经常犯事的后进生中，往往忽略了这样的一个群体——他们成绩不是最优秀的，也不是最差的，也能自觉地遵守学校规章制度，偶尔会犯犯小错，老师也会念在偶尔一次而不会过多地责备他们。当然他们往往也是较内向和安静的学生，也不会得到过多的表扬。而作为班主任的我们往往缺少对他们心理的关注，这个女学生正是这个群体中代表性的一员。

经过思考，我决定好好跟这位学生谈一谈。从她的文字当中，我第一感觉就是这个学生极度的不自信。当天晚上我给了她一张白纸，给她15分钟时间好好地回顾过去的自己，然后在白纸的两面分别列下自己的优点和缺点。15分钟后我查看她写的内容，如我所料，在优点的那一面上没列几点，而在缺点的那一面却满满地列了一点又一点。她把纸张递给我的时候眼中还不自觉地泛起了泪光，我平心静气地跟她分析了她存在的缺点，然后重点以她日常学习和生活中的一些小事为载体帮助她分析了自己的优点：我指出了她的作业工整美观；在上学期的课本剧大赛中担任本班话剧的旁白表现得很出色；在军训的黑板报比赛上她跟同学一起出的黑板报很不错（我顺便出示手机上拍下来的黑板报给她看）；指出她的文章在作文的评析课上曾经作为范文来点评，文笔不错等。她好像有点不相信，当场就"啊"了一声，然后慢慢地收起了泪眼，向我点点头。最后我拍拍她的肩膀说："从今天开始我会严格监督你。你愿意接受老师的监督吗？"她用力地点了点头。开学之后，她的自信之花开始慢慢开放，并且学习更投入，好像在回应我那天对她的评价和赞赏。看到她的变化，我更深信这一句话："赞美是照在人心灵上的阳光，没有阳光，我们就不能生活。"

这位学生的事情，及时提醒了我在接下来的教育教学工作中要时刻提醒自己，对于中层的学生一定要多给予关注和帮助，他们身上大部分都有以下特点：首先，学习目的不明确。以这位学生为例，虽然她不是那种混日子的学生，也不是没有上进心，可是缺乏明确目标，她的学习动力很大部分是家人给予的无形的压力，她服从压力指挥，不经自己的思考，被动地学习，将太多的东西压在肩上，增加了心理负担和对作业的逆反心理。总的来说，她是为外在的目的而努力的，所以她的学习兴趣减弱，导致懒惰，不利于勤奋持久性。其次，长期形成了惰性，抗压能力很差。这是这一层次的学生的一个通病。当然，惰性是广大学生普遍存在的一种心理现象，是人在某种环境和某种消极心态的支配下，产生的一种懈怠、懒惰的思想和行为。懒惰虽然是种行为，但其实质原因却是由心理因素引起的，我们称之为惰性心理。懒惰心理的主要表现既有思想性懒惰，也有行动性懒惰。思想性懒惰的表现形式或者因过分依赖而人云亦云，没有自立的意见，不愿动脑筋；或者因短期情绪性波动而产生的心理惰性。思想的懒惰必然导致行动上的迟缓，总是无精打采，明明知道某件事应该做，应该马上做，却迟迟不做，能拖则拖。长此以往，形成思维定式，形成习惯，必将对未来的发展造成不良影响。但一旦能帮助他们克服行为的惰性，那么他们的学习积极主动性会迅速被调动起来，有利于学习。最后是作为生源质量一般的普通高中，学生的心理问题较多，表现较为突出的是自卑、缺少自信心和自立自强的生活态度。因为平时不善于表现，所以在班上他们总是默默无闻的一群，受表扬的机会少，这或多或少地挫伤了他们的积极性。一旦能引导他们激发自己的潜力，他们可以进步得很快。

针对以上的特点，我总结了几点具体解决问题的办法：

第一，关注、支持、鼓励。因为这个群体的学生问题往往是隐性的，所以作为他们的老师尤其是班主任，平时一定要注意不要等问题出现了才去关注，而是要抓住平时的课堂课外等可以去了解发现他们的任何一个机会，及时了解他们的心理状态。一个看似不经意的提醒或一句关心的话都能传递出老师对学生的关注和关心。给予他们这些东西，他们慢慢地会以行动来回应你，而这我觉得是一件非常微妙的事情。特别是当你发现他们慢慢有了点滴进步的时候，心里会有莫大的安慰。

第二，要引导学生建立良好的归因倾向，这群学生因为自我认识得不够，所以当问题出现的时候往往归因会走向两个极端，一是一味地自责，二是一味地埋怨客观环境。作为老师，我要时时启发他们认识自己在学习上的不足之处，因势利导，使学生健康成长。

第三，要善于帮助学生寻找表现的机会。实践研究表明，学生的自信心是随着体验成功次数的增加而逐步增强的。因此，面对台下求知的眼睛，应努力帮助学生发现、引导学生挖掘蕴藏的潜力，并使之转变为现实中的能力。凡是学生力所能及的事，都应该让他们去做，让学生在日常生活和学习中体验到成功，体会到成功的喜悦。

第四，严谨有度的要求和监督。当然，这个只靠老师是不可能实现的，所以必须得到家长的支持和配合，才能够让学生改掉不良的行为习惯。

这件事，提醒我学生自信的建立是非常需要我们老师帮助的。自信心是一种积极的心理品质，是培养学生各种良好习惯的动力基础，更是人格的核心。希望通过我们的教育实践，以后的每一个学生无论成绩好坏都能抬起头来！学生自信，我们快乐！

幸福班级建设之最美（12）班

李苑珍

2016—2017年，我带高一（12）班。

这是一群多么可爱的孩子！这是一个多么可爱的班级！

记得2016年8月，我拿到分班名单，走进（12）班的教室，见到40多张略带稚嫩的脸孔，写在他们脸上的，是怯懦、彷徨和自卑。这是年级挑了两个实验班后剩下的10个平行班中的其中一个班级。我看到手上他们的中考成绩单，7科总分（含体育）最高分是646分，630分以上的才4个人，而600分以下的有21人。难怪他们的脸上表现出的都是不自信，是因为经常因学习成绩不给力或行为不规范而遭批评和责骂留下的不自信。没关系，高中三年，除了让我们日后考上大学，更重要的是学做一个健全人格的人。

于是，我开始了（12）班的幸福班级建设。

没有过多的责罚、批评。有的只是引导，鼓励！鼓励！再鼓励！

我说：同学们，中考失败了没关系，我们有巨大的潜力，一切从美丽东中重新开始！

我说：同学们，我们相聚在美丽东中，有缘做（12）班的一员，我们要做相亲相爱的一家人！

我说：同学们，我们要向善向美向幸福出发，做最美最好的自己！

我说：同学们，我们要做个温暖有爱的人，要懂得欣赏自己和他人！

我说：同学们，我们要做个有担当的人！

我说：同学们，我们要做个守规则的人！

我说：同学们，我们要努力做个有趣的人！

我说：你们可以做到的，一定可以做到的。放手去做……

……

我们的班会课主题是"感恩的……守时的……自律的……会欣赏的……

会学习的……健康的你最美"系列活动，于是，你们跟着珍珍老师，共同在（12）班的课室里，营建了一个温暖有爱、团结灵动的班级。我们一起做到了！成了那个最美最好的自己！

一年来，你们呈现出阳光、健康、活泼开朗、懂礼貌、爱班级、为人友善、团结进取、有才有艺、有朝气、有活力、有趣有爱的精神面貌！是珍珍老师认为这么多年来带的最可爱最美丽最理想的班级！

鬼马可爱的班长高杰，负责任的楚雯，多才多艺的倚雯、健生、君尧，才华横溢的欣城，幽默风趣的子杰、滨濠，用心出板报的静妍和映彤，走路跳跃的颖妍，可爱的杏芷，活跃班级气氛的中铎、天羿，负责任的各科科代表，每天准时站在教室前面的值日班干（梓健、彦皓）……无一不让老师欣赏和感动！

你们的很多可贵品质，老师由衷赞叹！

见到老师，你们会主动问"老师好！"——大方有礼！

班上的事务你们抢着干，从不推诿——有担当！

以班长刘高杰为首的班干部们管理主动、积极、大胆、负责、有方法；在年级学生会、校学生会里所占学生干部人员最多——有领导力！

有问题能主动和老师沟通，并寻求解决的办法——善于沟通的能力！

爱运动，校运会上获得总分第一名——健康有活力！

爱表演，课本剧表演拿到二等奖，池欣城同学拿到最佳男演员奖；校园十佳比赛健生、倚雯、君尧组合拿到最佳新人奖——有表演的能力！

到敬老院参加义工活动，到百汇门口参加义卖活动人数最多；放假后有不少同学到高铁站做义工——善良、有爱心！

上课积极与老师配合，发言积极，课堂气氛很好——积极参与意识！

教室里经常充满笑声，同学之间关系融洽——团结友爱，幽默风趣！

你们在这一年还拿到了学习标兵班称号，还获得区优秀班集体称号，真是了不起！

有任何活动你们都听从班主任和班长的安排，并出谋划策，积极配合——难能可贵的合作精神。班级凝聚力非常强，只要我说：干活！你们呼啦啦撸起袖子就干，不拖沓，不抱怨……充满了正能量！这种正能量激励着全班同学一起进步，也激励着老师我永保教育的热情！

在高一，你们养成了团结友爱、精诚合作、用心做事的习惯，你们激发出了内在的善良、真诚、责任心、坚持、领导力等优秀品质，收获了可贵的友谊，同时也收获了很多的成果。

你们说感恩在高一遇上了珍珍老师，而我也想说，2016—2017年，感恩遇上了你们，遇上了最美的（12）班，让珍珍老师感受到做一名老师的幸福和骄傲！感谢你们给我带来的无时不在的愉悦感！而这样团结友爱、健康有活力、凝聚力强的班级是珍珍老师最为欣赏的班级！我一直追求和建设的幸福班级就是这样的。

如今，你们选择了自己的方向，那就勇敢地往前走，最美的你永远在前方！

积极心理学助力学生成长

刘三汝

德国哲学家雅思贝尔斯曾说："教育的本质就是一棵树摇动另一棵树，一朵云推动另一朵云，一个灵魂唤醒另一个灵魂。"在我带班的第一年，班里有一位小杰同学，在一次晚修前跟我说："老师，我感觉学习压力好大，感觉浑身无力，脚都没力气走路了，不知道该怎么办才好。"

小杰是我们班的一名男生，高一入学成绩579分，排在年级的212名，成绩还算不错。他性格内向，平常很少说话，给老师和同学的印象可以用一个字来形容——乖。课堂上，他上课比较认真但是极少发言；课外，也不大与同学一起玩。他除了与同桌玩得好以外，其他同学甚至连名字都叫不上来；在家也不怎么出去玩，喜欢玩电子游戏。在第一次月考之后，他成绩骤降，退步了120名，直降到332名。中段考稍微进步了一点，排在292名，但第二次月考又降到339名。多次打击之后，小杰特别沮丧，对自己失去了信心，觉得自己怎么也赶不上其他同学，有点放弃。尤其是期末考试准备阶段，他的精神高度紧张，出现了头疼的现象，为此特地请假一天，回家看病。但是症状不见好转，所以在一次晚修前，他跟我说了上面的话。我耐心地听完小杰的讲述，一边安慰他，一边给他想办法。聊天结束后，小杰痛苦的表情一直在我的脑海里，我决定无论如何也要帮助他。

根据萨提亚的冰山理论，我能看到的只是小杰表面很少的一部分，而更大一部分的内在世界却藏在更深层，不为人所见。但是我还是仔细分析了小杰精神如此紧张的原因。

首先是性格因素：小杰性格内向，不怎么与同学分享自己的心事，长期的压抑让内心的紧张、郁闷得不到排解，压抑在心里成为很大的心病。

其次是学习因素：小杰的大部分压力主要是来自于学习。对学习结果的看重导致他压力过大，结果的不如意成了一次次的打击。在学习的过程中，初中与高中课程的难度、教学方法有区别，而他又未能顺利实现这个过渡，落下了很多课程，造成平常上课听不懂，进度赶不上，压力巨大。

再次是家庭因素：家长对孩子的期望过高，无形中给孩子增加了压力。另外，家长对孩子的心理健康不够看重，忽视了与孩子的沟通和交流。

最后是同伴压力：看着身边的同学在进步，学得那么认真，自己一直在退步，这种来自于同伴的压力无形中给他造成心理负担与焦虑。

知道了小杰的问题所在，我利用积极心理学的知识引导和帮助小杰。

首先，让他说出自己内心的苦楚，尽情宣泄。学生信任我并把自己内心的话和盘托出，我在旁边细心地聆听，鼓励他继续说下去。此时我明白，他需要的是一双耳朵。

其次，等小杰宣泄完之后，我引导小杰用积极的心态去面对生活中的挫折，用积极的态度去看待生命中的挑战，用积极的行动去调整自己的学习方法。我与小杰分享我自己的学习历程：高中时，由于各种原因，我成了班里成绩最差的一员。高考时同学有考上清华、北大、武大、上海交大的，但是我就考了一个普通的二本学校。我沮丧过、无助过，特别能理解这种被甩在后面的感觉，觉得自己的价值感不强。但是，我当时想，只要自己努力，去差一点的学校也能有自己的成就。于是我大二就开始明确考研目标。我当时报考了南京师范大学的英语文学专业，竞争惨烈，我又没考上，调剂回了母校，我觉得很受伤。但是在研究生阶段，我找到了新的兴趣，专攻教学，确定了我的职业方向，所以毕业后，我成功地做了一名教师。这是我喜欢的职业，我很庆幸，这一路我没有放弃。只要你保持希望，坚持目标，总有一天能找到适合自己的东西。

小杰耐心地听了我的故事，我也很感动，能与学生分享生命。我鼓励小杰放下所有的包袱，尽量去做，不要计较后果，只要能勇敢地认真地参加并完成考试就可以了。

最后，召开主题班会，培养积极的心态，并建议家长多与孩子沟通，放低对孩子的要求，重视学习过程，而不单纯只是学生的成绩。

小杰在后期的学习中状态良好，期末考试竟然较上次前进了58名，真替他感到高兴。另外，此事让我意识到心理健康教育的任重道远。我将继续求索，用积极心理学引导学生积极看待人生，用积极心理学助力学生成长。

和善与坚定并行，学生每天进步一点点

陈智文

2016年的夏天，我接受了一个新挑战：借调到麒麟小学，负责五年（4）班的语文科和科学科的教学，兼任班主任。还没看到孩子们，就已经有热心的老师告诉我：班上有个男生特别麻烦。我再问同事，为什么这个孩子如此"出名"呢？原来是他有以下几点表现：

第一，不交作业也不做测验卷，即便留堂，也不愿动手，考试成绩可想而知。

第二，对老师态度差，不服老师的教育，除了顶嘴，还试过对班主任动手。

第三，不受同学欢迎，既是因为学习态度差，也是因为不注意个人卫生。

第四，家长对学校和儿子都已经没指望了，由他"自生自灭"。

总之，如果有一天他不被老师叫到办公室训斥，那么太阳准是从西边升起来了；如果有同学愿意跟他做朋友，那同学肯定疯了。了解到这些，我第一反应不是担忧孩子难教，而是可怜他日子过得难受。哪里都是压抑，谁还能正常呢？开学之后，我认识了这个孩子，他叫刘镇炫。

我把第一学期的任务定在了转变镇炫同学和家长的态度，让他对学校生活重新充满热爱，让他对自己重新树立信心，还要让同样心里不好受的家长重新重视儿子的管教。当教师的这些年里，面对后进生，我经常会想起"天生我材必有用"这句诗。也许孩子的学习很难取得大进步，但是我们还是要努力让孩子多学一些知识，而且培养孩子拥有善良、勤劳、有责任心等品质，也是我们的职责。

参观刘宇工作室时，"正面管教"的教育理念让我眼前一亮，"和善而坚定"是正面管教的原则。接着，我读了一本相关的著作，更加觉得这种教育理念适合用在镇炫这类孩子身上。"和善"指的是尊重孩子，"坚定"指的是尊重自己。"和善"提倡鼓励和肯定孩子，但是当孩子犯了原则性错误的时候，就要"坚定"。一个学期下来，同事和学生惊奇地发现我和刘镇炫相处得挺融洽的。一方面他没有跟别人发生大的矛盾，以致要见家长；另一方面，现在他每次进办公室都不是要受我"问罪"，而是帮我做事，或者向我报告班上出现的不良现象。另外，他作业基本都准时上交，虽然质量比较差，字体还是不清晰。究其原因，我感到还是"正面管教"帮助了我。

"和善"的原则让我接受了刘同学，刘同学也接受了我。我相信有被宠坏的孩子、有误入歧途的孩子、有满身坏习惯的孩子，但我不相信有一无是处的孩子。一开始我就是用一视同仁的态度对待他的。他很喜欢说一句话："老师，我智力低下。"这句话既是他为自己成绩差、表现差推卸责任的借口，也是他内心自卑的表现。我也不厌其烦地回复他："每个同学的智力都是正常的，只是你基础差，而且有很多坏习惯要改。"学期初，他和同学时不时就会发生争执，我发现很多时候是因为他冲动、急躁所致。有一次，他跟同学吵架之后感到特别委屈，惨兮兮地抱怨道："班上没有一个人愿意和我做朋友，就是因为我成绩差，所以喜欢针对我。"这种认识明显是错误的，于是我在课堂上与同学们讨论了这个问题：为什么没有人愿意和刘同学做朋友。经过大家积极地发言，我明确地告诉他，他的主要问题不是成绩差，而是不注重个人卫生，对别人说话时没有礼貌，以及做事没有顾及别人的感受。我也趁机教育全班同学："要别人尊重你、愿意跟你交朋友，你首先就要做一个尊重别人、乐于助人的人。"这次讨论之后，我竟然发现刘同学跟其他同学的相处变好了。在日常教学中，我也抓住机会肯定他、鼓励他。他喜欢帮我拿作业、开课室电脑、管纪律等等，我也不会忘记对他说声"谢谢"。我是真心的，很多琐碎的事很多同学不愿意做，他却很热心。他听写、默写及格了，我也在班里面表扬他，有时还会给他一封表扬信。

另外，"坚定"帮我树立了威信，促使刘同学学会尊重老师、遵守学校规矩。有件事情给我印象特别深刻。上课的时候，他总爱趴在桌子上或者睡觉，借口说听不懂。他这种表现会对课堂造成不良的影响，更重要的是我不相信他全部听不懂，只是想偷懒。他凡是上课想睡觉，我都把他的桌子搬去走廊，只给他坐着凳子听课。但是有一回他特别倔，紧紧抱着桌子。我当然不够力气，结果是其他男生一起，把他扯开，然后把桌子搬出去。虽然我这样做有些暴力，但是我在坚守课堂的原则。自此之后，他基本上不会在课堂上趴着了，即使趴下了，老师喊一下，他就坐好。

其实，批评他、处罚他的事时有发生，我都坚持"和善并坚定"的原则，只有这样才能不偏不倚地处理好问题，才能对学生产生一股持久的教育力量。当强硬、坚决的手段作用不大的时候，就是要回归"和善"的时候。好好审视一下自己的言行有否尊重学生，有否对学生产生鼓励、启发和希望，而对于刘同学每次犯错，我都要向他分析错在哪里。学生有时看上去懂的很多、会说很多，但内心真正明白的并不多。要改变一个学生也许很难，需要爱心、耐心和智慧，但是很有意义，而且帮助学生塑造健康良好的人格，是我们做教师的职责。

班主任的小小幸福

陈小霞

班主任工作烦琐辛苦，从早到晚忙个不停：学生的迟到早退、仪容仪表、学习效率、文体活动、调解矛盾、侦查破案、交通安全、家庭和睦、校外交友、身心健康……事无巨细，面面俱到，稍不留心，就会"人命关天"。除繁重的校内工作之外，班主任还要利用休息时间经常家访，与家长建立良好的家校关系，得到家长对学校教育工作的理解与支持，还要利用课余时间继续深造、与时俱进，掌握最新的教育学、心理学知识……班主任的一天，真是"两眼一睁，忙到熄灯"。既然班主任工作这么辛苦，压力这么大，为什么我还愿意做这个"天底下最小的主任"呢？因为我在忙碌、付出的同时，也会与幸福不期而遇——

咚咚咚，幸福来敲门了……

2008年的年末，因为有位老师生病住院，所以我要担任3个班的英语教学工作，从早读到夜修，从学生兴趣小组到文艺汇演，由于用嗓过度，一夜之间，我变成了"哑巴"。为了不给同事增添工作负担，我坚持借助手势、板书上好每一节课。"哑巴"老师的课堂，异常的安静，同学们学习比以往更加认真努力，教室里安静得像图书馆一样，唯一能听到的是笔尖写在纸上的唰唰声，它好像在催促每个同学要全力以赴……看到同学们聚精会神学习的样子，我打心底里感到欣慰，真是"此时无声胜有声"啊。第二天，我收到了同学们送来的各种各样治疗嗓子的药物，同学们还做了一张手抄报，全班每位同学都在上面写下了最真诚的祝福和问候：

"老师，您要好好休息，注意健康啊，我们好怀念您的爽朗的笑声和动听的声音。"

"老师，您放心，班长会带领我们好好训练合唱的，我们一定能在元旦文艺汇演中取得好成绩。"

"老师，我平时调皮捣蛋惹您生气，对不起了，我希望您快点儿好，我希望您能早一天找我谈心。"

……

我很幸福，因为我是一名班主任。虽然这幸福在世俗喧闹声里显得那么微不足道，但是，对于我来说，犹如春风划过碧水，突然间感到心灵的吟唱和快乐——

咚咚咚，幸福又来敲门了……

2013年的5月8日清晨6：30，我早早来到了教室，看到早到的同学们，我就开始辅导他们的写作，从早读一直忙到第二节课，正在讲课的时候，我突然感到一阵眩晕……我是缺铁性贫血，血糖含量低，如果不吃早餐，很容易昏倒。这时同学们立刻送上牛奶、面包，一个同学还跑到办公室帮我拿来了热水……幸福的眼泪微笑着滑落，我感激地对同学们说："不用担心我，我很健康，谢谢你们的爱心早餐，你们的爱就是我努力工作的动力，即使明天我要离开你们，今天的我依然微笑，依然美丽。"我话音未落，全班响起了雷鸣般的掌声。我的敬业、我的认真、我的付出都得到了丰厚的回报，同学们把最美丽的赞扬都送给了我，他们在毕业留言中写道："Michelle，您是一位美丽、智慧、乐观、和蔼、自信、有耐心、意志力坚强、学识丰富、迷人的老师，我想长大之后像您一样。这一生能遇到您是我的福气，虽然我们现在分离，但您在我的心中，永远是最好的老师，永远爱您。"

幸福是什么？幸福不就是关切的目光里洒落的温暖，疲惫的背影后涌动的感人的力量吗？

幸福啊，班主任！

柴米油盐，尘梦烦扰，举手投足，总有一种不同流合污的孤傲，班主任唯一想的、做的就是用自己的生命让每一个学生摆脱世俗的烦扰，健康地成长。

我提倡环保，要求学生都带水杯回校，喝热水而不是买饮料；我实行民主，公开选拔班干部，透明所有班级事务；我主张公平，将权力关进制度的笼子；我尊重个性，让每个同学发挥特长——

在言传身教中，让学生同步感受新观念、新思想、新做法；在阴晴冷暖中，让学生的心灵澄净如练；在比较辩论中，让学生自信而果敢地前行……

我坚信："任何事都有解决的办法，即使没有，我们也要创造一个。"

记得在我接手高二（4）班的时候，有学生在周记中写道："我们都是被原来的班主任踢出来的学生，老师讨厌我们。"初来乍到，学生们相互陌生，有自己不同的小团体，刚开学三天，就有学生要调班……面对这个四分五裂、灰心丧气的班集体，最好的办法就是让他们相信："班主任很爱我们，我们是最好的。"在第一周的班会课上，我对他们说："你们在我的班级里，你们就是我的孩子，我会爱你们每一个人，你们爱我，我也爱你们；你们恨我，我也爱你们，你们虐我千百遍，我待你们如初恋。"从那一刻开始，我和学生们共同美化教室、共同跑步、共同跳绳、共同学习，我经常到宿舍里去跟他们聊天，帮他们解决生活困难。慢慢地，我们的心走到了一起，我们班也取得了令人骄傲的成绩：班级德育考核名列前茅；流动红旗一年常驻；学校的篮球比赛、拔河比赛、征文比赛、摄影比赛、黑板报评比屡获殊荣；文明宿舍、东涌镇先进团支部、南沙区三好学生都落户我班……大大小小的奖项加起来126项，学生们都自豪地说："我骄傲，我们是高三（4）班的学生。"在高三毕业后的烧烤晚会上，我们班最调皮的一个男生对我说："老师，你给我最大的帮助是自信，现在我走出去，觉得我比任何一个班的学生都强，我觉得我什么都能行。"暑假的第一个星期，他高兴地打电话对我说："老师你说的对，我真的很牛，我才在工厂里干了三天，老板就让我坐办公室了。"一个个报喜的电话，一份份教师节的问候，一封封来自军营的信件，满满的，我的心里全是幸福。我常常会想起毕业晚会上，高三（4）班的诗朗诵：

开始的开始，我们来自不同的集体，

最后的最后，我们渴望永远在一起，

当某天，你若听见，

有人在说那些神秘的语言，

当某天，再踏进这校园，

会是哪片落叶掉进回忆的流年？

从相识到离别的长度原来只有一寸，

从一楼到五楼的距离原来只有三年，

我们即将分别，

独自奋斗在不同地点。

瞥见绿色的校服，还会想起是我认识的谁，

小卢、小娟、坤哥、阿勇、秋秋、Michelle？

我爱你——

或许谁都可能忘记谁的名字，

但请一定记得，

南沙鱼窝头中学高三（4）班的日子

……

心头暖暖，眼泪直流。

直到和你们做了三年朋友，

才明白我的眼泪，

播下了思念的种子，

已经生根，慢慢地成长……

走过青春，走不过的高三（4）班。

春花开遍悲欢离合的大地，班主任的那朵小小的幸福的花蕾悠悠地悄然吐蕊，不与牡丹争荣，只与桃李一起芬芳……

一位老师的自省

刘三汝

高一下学期，我从前任优秀班主任彭漫率老师手中接手高一（6）班，担任新班主任，有一种沉甸甸的责任感。漫率老师带班非常严格、用心，（6）班上学期班风、学风都很不错。身为（6）班英语老师的我，对班内学生颇为熟悉，学生也敞开心扉接纳了我，不过情绪上还是有一点小波动。

新年回来之后，班里学生显然还沉浸在节日的气氛中，心都未能完全收回来。在几次到班巡查的过程中，发现中午13：50、傍晚18：40回班的学生寥寥无几，又有班干部告诉我："老师，周二下午第一节课是体育课，班里很多学生都不回班，直接从宿舍踩点飞奔到体育场。"晚修期间，我找了几个班干详细了解班内这一段时间的情况。有班干对我说："老师，这学期大家都变得很懒散，不像上个学期那么勤奋了。我每次经过隔壁班，看人家很多人都来了，我们班来得很少，感觉都不好意思。""有时有的宿舍整体都睡过头了，下午快到14：00才起床，飞奔进教室。""化学老师说，我们这个学期好像变了一个人，作业做得比别的班差多了，上课大家都没反应。""语文老师说我们早读声音太小了，大家似乎都懒得开口。""老师你快管管他们吧，上学期漫率老师抓得很严，有规定他们什么时候回校、做题，这学期您抓得太松了。""老师你要对他们凶一点，您太温柔了。"……

不问不知道，一问吓一跳。我认识到问题的严重性：他们把好的习惯都弄丢了，急需老师来监督他们。班干部很得力，积极向我献言献策："老师，很多班级都有规定到校时间，我们班没有，你得强制要求到校时间。另外，我们可以学习别的班，推行'门禁'措施：如果谁晚到了就让他/她站到门外，直到上课铃响再进来上课。"我想"门禁措施"对于改掉他们懒散到班的习惯应当会起到立竿见影的效果。因此，我在班上指出了班级存在的问题，规定了进校时间。欣慰的是，学生一致同意，形成了公约。

第二天一大早，我6：50准时到班，发现学生基本能按照约定时间准时到班，部分学生在收作业。不一会儿，学生A不紧不慢地走进教室，我望了一眼手表：6：53，晚到3分钟。学生都知道我有一个原则：谨守时间观念，不要迟到。今天又是实行新规的第一天，我毫不留情地吩咐她："迟到3分钟，把书包放下，拿书在外面站一会儿，自己看书，上课铃响后自己……"我话还没说完，她情绪反应很大，把书包一摔，拿了一张报纸气冲冲地出去了。我也没有太在意，心想："这孩子还挺任性，让她站一会儿好好反思下吧。"接着我去隔壁班带早读去了。

等我从隔壁班回来，发现她还站在那里。一开始我以为她是喜欢外面的空气，因为早读我很支持有需要的学生在走廊上站着早读，不那么容易犯困，而且有的学生站着、走着记得更快。当我走过她身边的时候，发现很不对劲，那脸黑得好像要把我吃了一样。我赶紧问她："怎么不进去呀？不是叫你上课铃响后自己进去吗？"她看都不看我一眼，迅速把脸一扭，怒气冲冲地说了一声："我不进去！"我问她："你怎么了，觉得老师惩罚你错了吗？你是比约定时间晚了呀！""这是我开学以来起得最早的一天！"说着她就哭了，始终不看我，"可实际上你还是迟到了呀，你可以……"没等我说完，她就气冲冲地走进了厕所。

我走进教室，一脸的失落。此时的A学生根本听不进我的话。我叫了她的同桌B劝她回到教室，过了一会儿她们从厕所回来，B学生进班了，A学生仍然待在外面不愿进来。过了3分钟左右，我再一次出去，这时我发现她把那张报纸撕成了碎片。我跟她说："你这样老师很难过。你说这是你开学以来起得最早的一天，老师本来应当表扬你。可是我们约定好了6：50之前要到教室，你迟到了，所以接受惩罚也是应当的。要是一点都说不得你，那老师都不敢管你了，你这样让我很寒心。""你寒心，我就不寒心，你为什么只针对我？！"她开始吼叫。看到她的眼泪流下来，我突然想起，前一周，她被发现在教室用手机、穿小脚裤、带耳钉，刚被德育处没收了手机没几天，今天又被"抓"到迟到，她肯定以为是班主任在针对她。被误会的滋味很不好受，我立刻跟她说："你觉得老师是这种人吗？老师的胸怀就这么窄？今天换做是任何一个人，我也会让他出来罚站。""某些同学也迟到了，你就没有罚""谁？真有？""我不知道！"原来是这样。难怪反应会这么强烈。我赶紧回到班里问了句："有谁是比××更晚回来的？"坐在第一排最前面的男生C不好意思怯怯地举起了手。刚才收作业的时候，我没有看清楚，去了隔壁班，忽略了学生C也迟到了。"××，你为什么不站出去？""我不知道。"他很不好意思地说，"周五我自己站出去。"

事到如此，我终于明白，原来学生A如此敏感敌对的原因是因为受到了不公正的对待。同样是迟到，她受罚了，另外一个同学却没有。因为我的处罚不公，造成她情绪如此失控，我顿时觉得特别内疚："××，老师非常抱歉，因为去了隔壁班，没有看到另一位同学也迟到了，所以你生气老师完全可以理解。换作是我，我也觉得非常难过、气愤，凭什么处罚我，不处罚别人？所以××，老师非常抱歉，希望你能原谅老师。不过，迟到这一点，老师还是要惩罚你，希望你理解。如果可以，我们一起回教室吧！"听完这席话她的态度软了下来……几天后，她发微信给我道歉，说因为她的冲动给我带来了不快，而我也有自己不对的地方。其实学生的心很单纯，只是太容易情绪化，也不善于表达自己内心的委屈。所以那一天，我当着大家的面向××道歉，也鼓励每个学生说出自己的心里话，表达自己内心的情绪，不要憋在心里，气坏身体。

经历过这一番事情，我心里像打翻了五味瓶，惩罚学生从来都不是教育的目的，而是让学生树立一种规则意识。很多时候，老师扮演的是一个法官的角色，就像我跟学生说的那样："老师只有一双眼睛，很多时候可能会看不清楚，所以需要借大家的慧眼帮老师看清楚。"因此，我在班级专门设立了签到表和监督员。实施规定时间到校以来，间或有学生迟到，但他们能自觉站到门外。我想若是学生明白罚站不是一种羞辱而是一种自省，一种履行班级公约的负责任的行为，学生会更能理解老师的良苦用心。德育路漫漫，每一步都要小心地走，教师的自省是一个伴随始终的过程，因为面对的是鲜活的个体，因为教师自己也需要成长……

被理解、被信任、被公平对待，是每一个个体的内心期望，一旦这种期望被打破，内心会深深地失望、无助，甚至是愤怒。